U0908940

中国大学技术转移与知识产权制度关系演进的案例研究

Case Study of University Technology Transfer and the Evolution of Intellectual Property in China

张 寒 著

图书在版编目（CIP）数据

中国大学技术转移与知识产权制度关系演进的案例研究/张寒著．—北京：经济管理出版社，2016.12

ISBN 978－7－5096－4668－7

Ⅰ.①中…　Ⅱ.①张…　Ⅲ.①高等学校—技术转移—案例—中国 ②高等学校—知识产权制度—案例—中国　Ⅳ.①G644 ②D923.405

中国版本图书馆CIP数据核字(2016)第241860号

组稿编辑：宋　娜
责任编辑：高　娅
责任印制：黄章平
责任校对：赵天宇

出版发行：经济管理出版社
（北京市海淀区北蜂窝8号中雅大厦A座11层　100038）
网　　址：www.E－mp.com.cn
电　　话：（010）51915602
印　　刷：北京晨旭印刷厂
经　　销：新华书店
开　　本：720mm×1000mm/16
印　　张：13
字　　数：213千字
版　　次：2016年12月第1版　2016年12月第1次印刷
书　　号：ISBN 978－7－5096－4668－7
定　　价：78.00元

第五批《中国社会科学博士后文库》编委会及编辑部成员名单

本书获2012～2013年度“联校教育社科医学研究论文奖计划”（项目编号：ZS12021）、2010～2011年度“国家留学基金委建设高水平研究型大学基金”、“中国博士后科学基金面上资助”（项目编号：2015M5711000）。

序　言

博士后制度在我国落地生根已逾30年，已经成为国家人才体系建设中的重要一环。30多年来，博士后制度对推动我国人事人才体制机制改革、促进科技创新和经济社会发展发挥了重要的作用，也培养了一批国家急需的高层次创新型人才。

自1986年1月开始招收第一名博士后研究人员起，截至目前，国家已累计招收14万余名博士后研究人员，已经出站的博士后大多成为各领域的科研骨干和学术带头人。其中，已有50余位博士后当选两院院士；众多博士后入选各类人才计划，其中，国家百千万人才工程年入选率达34.36%，国家杰出青年科学基金入选率平均达21.04%，教育部“长江学者”入选率平均达10%左右。

2015年底，国务院办公厅出台《关于改革完善博士后制度的意见》，要求各地各部门各设站单位按照党中央、国务院决策部署，牢固树立并切实贯彻创新、协调、绿色、开放、共享的发展理念，深入实施创新驱动发展战略和人才优先发展战略，完善体制机制，健全服务体系，推动博士后事业科学发展。这为我国博士后事业的进一步发展指明了方向，也为哲学社会科学领域博士后工作提出了新的研究方向。

习近平总书记在2016年5月17日全国哲学社会科学工作座谈会上发表重要讲话指出：一个国家的发展水平，既取决于自然科学发展水平，也取决于哲学社会科学发展水平。一个没有发达的自然科学的国家不可能走在世界前列，一个没有繁荣的哲学社会科学的国家也不可能走在世界前列。坚持和发展中国特色社会主义，需要不断在实践和理论上进行探索、用发展着的理论指导发展着的实践。在这个过程中，哲学社会科学具有不可替代的重要地位，哲学社会科学工作者具有不可替代的重要作用。这是党和国家领导人对包括哲学社会科学博士后在内的所有哲学社会科学领域的研究者、工作者提出的殷切希望！

中国社会科学院是中央直属的国家哲学社会科学研究机构，在哲学社会科学博士后工作领域处于领军地位。为充分调动哲学社会科学博士后研究人员科研创新的积极性，展示哲学社会科学领域博士后的优秀成果，提高我国哲学社会科学发展的整体水平，中国社会科学院和全国博士后管理委员会于2012年联合推出了《中国社会科学博士后文库》（以下简称《文库》），每年在全国范围内择优出版博士后成果。经过多年的发展，《文库》已经成为集中、系统、全面反映我国哲学社会科学博士后优秀成果的高端学术平台，学术影响力和社会影响力逐年提高。

下一步，做好哲学社会科学博士后工作，做好《文库》工作，要认真学习领会习近平总书记系列重要讲话精神，自觉肩负起新的时代使命，锐意创新、发奋进取。为此，需做到：

第一，始终坚持马克思主义的指导地位。哲学社会科学研究离不开正确的世界观、方法论的指导。习近平总书记深刻指出：坚持以马克思主义为指导，是当代中国哲学社会科学区别于其他哲学社会科学的根本标志，必须旗帜鲜明加以坚持。马克思主义揭示了事物的本质、内在联系及发展规律，是“伟大的认识工具”，是人们观察世界、分析问题的有力思想武器。马克思主义尽管诞生在一个半多世纪之前，但在当今时代，马克思主义与新的时代实践结合起来，愈来愈显示出更加强大的生命力。哲学社会科学博士后研究人员应该更加自觉地坚持马克思主义在科研工作中的指导地位，继续推进马克思主义中国化、时代化、大众化，继续发展21世纪马克思主义、当代中国马克思主义。要继续把《文库》建设成为马克思主义中国化最新理论成果宣传、展示、交流的平台，为中国特色社会主义建设提供强有力的理论支撑。

第二，逐步树立智库意识和品牌意识。哲学社会科学肩负着回答时代命题、规划未来道路的使命。当前中央对哲学社会科学愈发重视，尤其是提出要发挥哲学社会科学在治国理政、提高改革决策水平、推进国家治理体系和治理能力现代化中的作用。从2015年开始，中央已启动了国家高端智库的建设，这对哲学社会科学博士后工作提出了更高的针对性要求，也为哲学社会科学博士后研究提供了更为广阔的应用空间。《文库》依托中国社会科学院，面向全国哲学社会科学领域博士后科研流动站、工作站的博士后征集优秀成果，入选出版的著作也代表了哲学社会科学博士后最高的学术研究水平。因此，要善于把中国社会科学院服务党和国家决策的大智库功能与《文库》的小智库功能结合起来，进而以智库意识推动品牌意识建设，最终树立《文库》的智库意识和品牌意识。

第三，积极推动中国特色哲学社会科学学术体系和话语体系建设。改革开放30多年来，我国在经济建设、政治建设、文化建设、社会建设、生态文明建设和党的建设各个领域都取得了举世瞩目的成就，比历史上任何时期都更接近中华民族伟大复兴的目标。但正如习近平总书记所指出的那样：在解读中国实践、构建中国理论上，我们应该最有发言权，但实际上我国哲学社会科学在国际上的声音还比较小，还处于有理说不出、说了传不开的境地。这里问题的实质，就是中国特色、中国特质的哲学社会科学学术体系和话语体系的缺失和建设问题。具有中国特色、中国特质的学术体系和话语体系必然是由具有中国特色、中国特质的概念、范畴和学科等组成。这一切不是凭空想象得来的，而是在中国化的马克思主义指导下，在参考我们民族特质、历史智慧的基础上再创造出来的。在这一过程中，积极吸纳儒、释、道、墨、名、法、农、杂、兵等各家学说的精髓，无疑是保持中国特色、中国特质的重要保证。换言之，不能站在历史、文化虚无主义立场搞研究。要通过《文库》积极引导哲学社会科学博士后研究人员：一方面，要积极吸收古今中外各种学术资源，坚持古为今用、洋为中用。另一方面，要以中国自己的实践为研究定位，围绕中国自己的问题，坚持问题导向，努力探索具备中国特色、中国特质的概念、范畴与理论体系，在体现继承性和民族性，体现原创性和时代性，体现系统性和专业性方面，不断加强和深化中国特色学术体系和话语体系建设。

新形势下，我国哲学社会科学地位更加重要、任务更加繁重。衷心希望广大哲学社会科学博士后工作者和博士后们，以《文库》系列著作的出版为契机，以习近平总书记在全国哲学社会科学座谈会上的讲话为根本遵循，将自身的研究工作与时代的需求结合起来，将自身的研究工作与国家和人民的召唤结合起来，以深厚的学识修养赢得尊重，以高尚的人格魅力引领风气，在为祖国、为人民立德立功立言中，在实现中华民族伟大复兴中国梦征程中，成就自我、实现价值。

是为序。

王京清

中国社会科学院副院长

中国社会科学院博士后管理委员会主任

2016 年 12 月 1 日

摘　要

知识产权与大学技术转移是中国高等学校参与科技活动与国家经济社会发展的重要问题，研究两者之间的关系具有重要的理论意义和实践意义。本书以国家制度变迁为背景，以历史发展进程为主线，以清华大学为典型案例，探讨了我国高校的技术转移活动，以及改革开放前后大学知识产权制度的确立、发展，并与国际上主要国家的政策进行比较研究。其目的是通过分析研究提出建议，以进一步发挥我国高校服务社会的功能，发挥知识产权制度的功效，以促进高校科技成果转化为现实生产力，对国家经济的发展做出更好的贡献。

20 世纪 80 年代美国国会通过了 Bayh – Dole 法案，到 20 世纪 90 年代引起了许多国家的仿效，反映出政策制定者的一个共识观点，即通过调整知识产权政策，可以有效提高大学所承担的政府资助下获得的科研技术成果的商业开发效率。受 Bayh – Dole 法案的影响，他们进一步认为将这类知识产权的所有权归属交付给大学，能够发挥更好的政策激励作用。这也反映出政策制定者另一个共识观点：知识产权制度，尤其是知识产权所有权归属的安排是促进大学参与技术转移活动的核心因素。但是，由于各个国家制度情景的不同，知识产权制度作用于技术转移的方式、程度、效果具有较大的异质性。对经历了经济体制转型的中国而言，大学技术转移运行的制度“场域”发生了重要的改变，在“计划”和“市场”两个不同的制度背景下，影响大学的知识和技术进入生产领域的激励因素也在不断演化。

本书从制度变迁、产权理论和 STS 等不同视角，探讨了知识产权与大学技术转移之间的关系演变，提出制度情景分析的重要性，并将理论研究与案例分析相结合。计划经济体制时期，大学科研项目主要源于国家计划下的科研任务。财产公有制的产权特征渗透到各个领域，所有单位的发明成果的所有权属于国家，其他的单位可以无偿使用。大学知识和技术的后续开发和应用在非产权激励的"场域"中进行；在经济体制转轨和改革开放政策的实施过程中，我国建立了知识产权制度，知识和技术获得了私权的保护，并成为技术转移中有价交换的对象。国家鼓励大学从技术转移活动中获取经济的报酬，校办企业成为了实现大学技术转移的主要途径载体；随着市场经济体制的进一步发展和产权制度的改革，在校办企业机制下，大学、企业与技术之间的依存关系处于一种模糊的状态。为了厘清产权关系，国家要求各学校规范办理管理校办企业。对由国家重大项目资助获得的有自主知识产权的科研成果，成立衍生企业成为大学最佳的技术转移路径选择。

经研究得出，制度的变迁塑造着国家整体的产权结构，知识产权对大学技术转移的重要性在制度转型的过程中逐渐凸显出来。技术转移的目的、方式和特征也发生了较大的变化，知识产权成为大学技术转移的重要资源基础。如果将大学技术转移看作是一个社会网络，知识产权的归属是协调网络中相关利益行动者之间的契约关系和维持网络结构稳定性的关键因素。但是，知识产权归属的有效性和合理性并没有唯一的评判标准，需要依据各国技术转移的特点和制度"场域"的特征，做出独特的规定。对我国而言，通过知识产权制度促进大学的技术转移活动，需进一步明确大学科研成果的技术转移过程中涉及知识产权的所有权和处置权关系的问题。

关键词：知识产权；产权归属；技术转移；制度变迁；清华大学

Abstract

Among the crucial factors of the development of sicnece and technology in the Higher Education of China, as well as the national economic and social development, is the relationship of intellectual property (IP) and university technology transfer (UTT), which embraces important theoretical and practical significance. With the national institutional transformation as a background, and the the historical process as a clue, this study explored the technology transfer practice taken Tsinghua University as a case study, while comparing study the related policies with other countries. The objective is to lead to the suggestion of intellectual property to fully play its role to the contribution for the development of national economy of China.

Since the passage of the Bayh – Dole Act by the American Congress in 1980s, which stirring many emulators from various countries in 1990s, reflected the primary notion of those policy makers, to promote the commercialization of academic scientific achievements sponsored by the government could be addressed by adjusting the current intellectual property system, then the policy imitators reached the seconde commen consensus, that to assign the ownership of intellectual property from the government to the university will better incentive the technology transfer from the universities to the industries. However, due to various "institutional filed" by the different countries, the impact of the technology transfer activities (pattern, degree, result) caused by the intellectual property have great heterogeneity. China has experienced economic system transition, which leads to the significant change of the "institutional filed" for the university technology transfer. Since the context turned from "the planned economy system" to "the market economy system", the incentive factors for the commercialization of the knowledge and technology were changed as well.

Based on the perspective of institutional transformation, property theory and STS, combined with case study, this study this study emphasize the significant of institutional context in exploring the evolution of IP and UTT. In the period of Planned Economic System, scientific research projects of university sponsored mainly by the government planning research tasks. The "public – owned economy" dominated in most of the fields, including the regulation of "all inventions belongs to the Country", while the others are allowed to used them for free. The further development or application of knowledge and technology from universities were under the "filed" with non – property incentive; In the period of the economic system transition and the implementation of the reform and opening – up policy, the nation established the intellectual property system, then the knowledge and technology became the protection object of private property, and also the valuable objects being exchanged in the market. The State encouraged university to gain economic reward from UTT, and university – run enterprises (UREs) become the main way of technology transfer. With the further development of market economy system and the property reform, there exists a vague condition of university, enterprises and technologies under UREs. Nowadays, UREs has withdrawn from the stage of history. Towards the optimal path for the technology transfer of scientific achievements with self – intellectual proerperty, sponsored by the majour national research project, is to establish the university spin – offs.

The study comes to the conclusion that the institution transition is shaping the national property right structure as a whole, and the intellectual property is increasing important in university technology transfer. Meanwhile, a great change towards the objectives, patterns, and features of technology transfer has occurred as well. IP is nowadays among the crucial resource during technology transfer. It is regarded as a social newwork of UTT, in which the core factor to coordinate the related profit actors and to maintain the stability of the network structural is the ownership of IP. Nevertheless, there are distinctive regulations rather than the sole criterion for the effectiveness of the ownership of IP when taken the difference of institutional filed and the characteristics of UTT into account. Accordingly, to promote the efficiency of UTT by using intellectual property in China, the ownership and the disposal of which are required to be further confirmed in the process of technology transfer.

Key Words: Intellectual Property; Ownership of Property; Technology Transfer; Institutional Change; Tsinghua University

目　录

Contents

第一章　导论

第一节　研究简介

一、研究背景和问题提出

（一）研究背景

随着经济全球化和知识经济时代的到来，国家、区域经济的发展与知识增长和技术创新的联系越来越紧密。大学作为知识的生产者，为经济和社会服务的第三项社会功能也被日益强调①。但是大学的研究成果并不会自动转移到产业中来，全球范围内许多研究型大学出现“创业型大学”的发展趋势，通过技术转移促进大学科研成果的商业开发，为实现大学推动国家、区域经济的增长做出贡献。在西方国家，专利许可证贸易或基于核心专利成立大学衍生企业，是西方大学技术转移最常见的两种途径。因此，探讨知识产权制度如何促进大学技术转移成为政策制定者普遍关心的话题。

然而，通过观察大学专利活动的历史可以发现，20 世纪 70 年代以前，世界上大部分国家的大学都不热衷参与专利相关的活动，无论是专利申请、专利转让还是专利许可，都不是大学日常活动主要内容的一部分。即使在

① 关于大学第三项社会职能的概念最早是由学术界提出并展开了许多的讨论。这个概念最早是针对大学的另外两项传统的社会职能（教学和研究）而提出的，传统的职能主要突出大学传授知识和增加知识的贡献，而第三项社会职能则强调转化大学的知识，为经济增长做贡献。

大学实用主义倾向浓厚的美国，直到20世纪70年代末期，才有像麻省理工学院这样科研活动较多的个别大学制定了专门管理大学专利的相关规定。当时，主流的观点认为大学的研究成果应该进入公共领域，这些成果不能因申请了“专利”而进入私权领域，否则会损害纳税人的利益，比如，如果将大学里与医药方面相关的研究成果申请专利，获取经济利益，就会严重阻碍新药物的发现和普遍使用，这不符合国家资助医药领域科研活动的根本目的，是以牺牲公众的普遍利益为代价的。20世纪70年代末80年代初，情况发生了改变，美国不但扩大了专利保护的范围①，而且许多新出台的法律和政策也更倾向于保护专利权人的利益②。最引人关注的是1980年出台的《专利与商标修正案》（Bayh - Dole 法案），它是“美国大学知识产权制度变迁的分水岭”，被《经济学人》评价为“美国近半个世纪以来最具鼓舞性的法案”③，因为 Bayh - Dole 法案大大提高了美国大学的研究成果向企业界转化的效率，或者说提高了“大学—企业”之间的合作。事实上，Bayh - Dole 法案对联邦政府资助下的科研成果的知识产权所有权归属进行了新的调整，将以前政府资助的科研成果的知识产权所有权归属各个联邦资助机构，变更为交付给具体的项目承担者。项目承担者还获得了排他性的知识产权转让权，政府只在某些特定的情况下通过“介入权”收回知识产权。Bayh - Dole 法案通过产权归属的变更，统一了美国联邦各机构长期以来分散的专利管理制度；突破了原来的“谁资助、谁所有”的知识产权归属的理论基础。因为大学是联邦政府资助的主要对象，Bayh - Dole 法案的权利归属方式也被学术界称为“大学所有权归属模式”（The Mode of University Ownership），实际昭示着美国大学专利活动制度化的形成，因为该法案从法律的层面肯定和鼓励大学对其研究成果申请专利和对它们进行商业开发。

随着越来越多的言论强调科学技术知识对经济增长和社会进步的重要性，Bayh - Dole 法案开始在全球范围内吸引了众多的跟随者。20世纪90年代中后期，欧洲国家开始陆陆续续放弃它们颇具特色的“教授特权”（Pro-

① 作为判例法的国家，1980年美国最高法院对戴梦德诉查克拉巴蒂（Diamond vs. Chakarabarty）案件的判决，扩大了专利法保护的对象，由此人工微生物也可以申请专利。

② 1982年成立联邦巡回上诉法院，要求所有关于专利案件的上诉案件都由其管辖，这个法庭被认为在侵权案件中有利于专利的持有人。

③ The Economist, Innovation's Golden Goose, 2002 - 12 - 12 (3).

fessor Privilege），转而制定与 Bayh - Dole 法案类似的“大学所有权归属模式”：丹麦、德国、澳大利亚、爱尔兰、西班牙等国家都在其最近修订的与大学科研成果相关的政策中，取消了以前大学研究成果应该属于“发明人”的规定。随后，即使产权制度并不完善的发展中国家也开始模仿 Bayh - Dole 法案：印度、巴西、南非、马来西亚和约旦等国家正在讨论制定或者已经修改了本国的知识产权制度，讨论如何借鉴 Bayh - Dole 法案的内容。总之，Bayh - Dole 法案引起了世界各国诸多政策制定者重新反思知识产权制度促进大学技术转移效率的作用。在模仿 Bayh - Dole 法案的背后，反映出这些国家的政策制定者至少在两个方面的普遍共识：①知识产权制度与大学技术转移之间具有紧密的联系；②知识产权归属问题是提高大学技术转移效率和效果的核心突破点。然而，调整知识产权制度是否能促进大学的技术转移，恐怕在不同的国家还有不同的答案。“产权界定”反映出行动者之间达成的契约关系，产权界定方式的变化是契约关系的重新建立。Bayh - Dole 法案的出台是美国大学专利制度化建构的结果，与当时美国所处的制度环境密不可分。对其他国家而言，知识产权归属的变迁能否实现提高大学技术转移效率的政策预期，换言之，新的知识产权归属模式能否有效运行，需要综合考察其所处的制度环境。对于模仿 Bayh - Dole 法案的国家而言，知识产权归属是不是这些国家大学技术转移过程中最关键的问题，也需要结合制度情景综合考察。

（二）问题的提出

近年来，我国技术转移相关政策制定者所集中关注的两个重要问题是：①大学专利申请和授权数量的快速增加与较低的专利技术转移之间的矛盾；②如何提高国家科技计划项目资助下的知识产权成果的利用率问题。近年来，科技部针对国家科技计划项目的知识产权管理出台了若干政策，试图通过进一步完善知识产权制度促进这类具有知识产权的科研成果转化为实际产品。鉴于这些政策也明确提出界定知识产权归属的重要性问题，以及主要针对的是国家科技计划项目资助下获得的知识产权，被学术界称为所谓的“中国的 Bayh - Dole 法案”。制度经济学家道格拉斯·诺斯（Douglass North）在讨论产权对于制度的重要性时曾指出，西方国家的产权制度常常被一些第三世界国家引进使用，但是其实施效果却与在美国或其他西方国家完全不同。虽然规则内容一致，但是实施机制、实施发生的方式、行为规范以及行动者的主观模型是不同的。因而，实际的激励结构以及被感知的政策效果就大不相同了。因此，本书提出制度分析对理解知识产权和技术转移之间关系的重要性。尤其是对于我国这样一个经历了从计划经济向市场经济体制转型的国家而言，在不同的制度情景下，影响大学知识和技术流向生产和应用领域的激励因素并不相同。知识产权制度对于技术转移的影响作用其实是在制度转型后逐渐建立起来的。制度的变迁也会影响知识产权归属的形成和其实际作用的发挥。

我国经历了经济体制的转型，我国大学技术转移活动在不同的制度环境下，实现的方式和激励机制并不相同。知识产权制度并不是一开始就与大学技术转移活动建立起了紧密的联系，甚至在没有知识产权制度的前提下，大学的知识和技术已经通过各种方式进入了生产领域。当前研究中国大学技术转移的文献，大部分是从经济学、管理学的创新创业角度做实证分析；也有少数研究从社会学的角度分析技术转移网络的形成，关注社会网络的形成过程。基于对已有研究的分析，发现很少有研究将历史的因素和制度转型的分析维度纳入分析的框架中。我国大学技术转移的实践与西方国家所处的制度环境、资源基础具有较大的差异，而制度的演变和产权结构的塑造均具有路径依赖的特性，决定了制度分析的重要性和必要性。

在中国，技术转移的历史是一个多元化、多形式的发展历史，曾经出现过“校办企业”这种让大学直接参与到市场经济活动中来的技术转移方式。随后，通过产权清理，对校办企业进行了规范管理，解除了无论在资产问题还是知识产权问题上的模糊性，使其能够有序发展。中国大学的技术转移历史实际上是将高校从直接参与市场活动到抽离出去的历史，研究中国大学特有的技术转移的历史，需要从社会结构的系统入手厘清产权、知识产权在大学技术转移活动中所扮演的角色。知识产权归属问题的调整能否解决上述问题，需要在制度的情景下来探讨。要回答政策制定者关系的问题，还是需要回到我国本身的制度情景中，观察知识产权和技术转移两者的关系如何在制度转型的过程中建立起来，才能制定适合于我国大学技术转移的知识产权制度规则。

结合制度转型的历史分期，进一步明确本书研究的核心问题：在不同的制度环境下，促使中国大学知识和技术进入生产领域的主要激励方式有哪些，知识产权制度对技术转移的作用是怎样表现出来的，以及促进中国大学技术转移的知识产权制度应该解决的主要问题是什么。

二、研究意义

（一）现实意义

在分析大学技术转移的效率方面，主要考察了大学职务发明专利的利用率问题。目前有两方面的问题急需解决：一方面是大学专利技术转化率低；另一方面是关于职务发明的专利技术的进一步开发和应用面临着许多制度上的困境。笔者在调研的过程中了解到，大学科研管理人员认为目前最难以解决的还是后者（20121003Z），比如职务发明专利的转化面临着与国有资产管理方面的冲突，而离岗、转岗、退休教师利用原单位在职期间的专利进一步开发也面临不少难题，造成很多专利成果只能束之高阁，或者留置到新技术的更新换代。造成上述制度困境的主要原因是对技术转移过程中的知识产权问题，尤其是对大学知识产权所有权归属的安排和对产权分配的制度安排的认识问题。而美国 Bayh – Dole 法案针对的就是“知识产权归属”的核心问题的调整，其出台以来不断吸引世界各国政策制定者的关注和模仿，试图通过重新安排大学知识产权的归属模式来提高大学技术转移的效率。针对国家科技计划项目资助下的科研成果的知识产权的管理，我国在 2000 ~ 2003 年也出台了若干的政策。那么我国是否在模仿 Bayh – Dole 法案？Bayh – Dole 法案的模式又是否适用于中国？本书提出，应该从中国本身制度变迁的视角下认识中国大学技术转移的特征和产权结构的变迁，在此前提下，理解我国大学知识产权归属模式变迁的内因，才能给政策制定者提供现实的依据，在未来的技术转移政策和其中的知识产权制度的设计上，更好地处理大学、政府、公众、发明人和第三方投资人之间的利益关系。

（二）理论意义

本书的理论贡献主要体现在以下四个方面：

（1）将大学技术转移的实践活动融入制度变迁的情境下进行分析，既为探讨中国大学技术转移活动提供了新的理论视角，同时也为研究中国制度变迁提供了技术转移方面的案例。

（2）理解中国大学知识产权归属模式的变迁。学习 Bayh – Dole 法案是一方面，更重要的根本的原因是，我国大学技术转移在制度转型的过程中，随着技术转移方式的多元化，越来越多的行动者参与到技术转移的社会网络中，对以往的产权界定方式提出了新的要求。就目前的研究文献来看，有部分文献研究的是发展中国家知识产权制度的形成，但是大学知识产权进入研究者的视野，尤其是讨论制度转型国家中大学知识产权归属模式的变迁，国内外的文献还不多见，本书能够丰富这方面的研究。

（3）STS 的“参与—观察”、“跟随行动者”、“社会建构”的视角给本书提供了重要的研究方法。本书研究的内容一方面丰富了科学技术与社会学（STS）的研究案例；另一方面将 STS 的研究方法向前推进，将 STS 的研究优势与制度变迁理论结合起来。STS 分析视野的特殊性在于，它强调“流变”。制度的形成具有稳固性，但是这样的稳固性是社会建构的，只是在一定时期内的稳定性。在这样的视野下，我们将中国知识产权制度看成一个动态的演化过程，并且这种演变发生在中国社会制度变迁的过程中。两者均在演化，在演化的过程中又相互作用。在不同的阶段，所处的制度环境不同，大学知识产权的归属模式的表现形态有所差异，知识产权归属的重要性也是不一样的。知识产权的结构状况究竟对大学的技术转移产生怎样的作用？人们又是如何解决这些问题的？而随着技术转移活动的逐步发展，又是如何影响大学知识产权制度的安排的？两者之间是一种双向互动，相互影响的关系。在研究方法上，本书在分析中国制度变迁过程中知识产权制度的演进时，以清华大学作为具体的研究对象，结合清华大学科研成果的产业化在不同制度情景下的实践进行分析，访谈多个清华大学技术转移的行动者，从不同的角度探究他们对知识产权归属问题的看法。

（4）为论证 Bayh - Dole 法案是否适用于其他国家，列举了转型国家的案例。自 1980 年美国 Bayh - Dole 法案出台以后，世界上许多国家的政策制定者都开始重新思考本国的知识产权制度的安排与促进大学技术转移之间的关系问题，并对 Bayh - Dole 法案进行了模仿学习。Bayh - Dole 法案经过一段时期的扩散热潮后，许多学者开始重新思考 Bayh - Dole 法案在其他国家的适用性问题。虽然国家或地区间有许多的相互模仿成功的政策，甚至进行法律移植也是普遍的现象，尤其是发展中国家向发达国家就创新政策领域的学习。但是法律和政策的移植具有风险性，是否能够适用于新的环境还需要考虑。Bayh - Dole 法案的模式是否适用于其他国家还需进行的具体分析，因此，在本书的讨论中，将 Bayh - Dole 法案的政策形成、扩散和未来发展的讨论贯穿在每一章中。从中既能看出 Bayh - Dole 法案下的“大学知识产权归属模式”是如何影响制度化形成的过程，也能显示它对中国政策影响的时间阶段。

第二节 相关研究综述及评价

以往关于知识产权制度对大学技术转移的影响研究，主要集中在经济学、管理学、法学等学科领域，学者们从这些学科角度已经做出了很丰富的研究。其中，经济学和管理学主要关注的是知识产权制度的安排对于促进大学科研成果进入商业领域的效率问题；法学领域则主要关注的是知识产权的法律内容，比如知识产权保护的长度和宽度对于促进大学技术转移是不是合理的安排。其中，以芝加哥学派为代表，开创了法经济学的分析框架。但是，大学技术转移和知识产权的制度安排不仅是一种经济学、管理学或者是法学的问题，更是一种社会问题。知识产权制度的设置是对参与大学技术转移社会网络中的相关行动者利益关系的调节。知识产权归属的设置之所以成为知识产权制度中的核心内容，是由于产权归属是行动者对其所在的社会网络中契约关系的认可，也是维持网络稳健性的关键。但是，在不同的制度情景中，产权归属对于维持技术转移网络的稳定性程度是不一样的。然而，将知识产权制度与大学技术转移的关系看作是一种“双向互动”的社会建构的关系，在已有的研究中还不多见。根据本书研究的需要，先从以下三个角度对相关的研究进行综述。

一、学术研究与工业创新的关系

罗伯特·金·默顿（Robert King Merton）在其1935年完成的博士论文中，曾提出科学家的精神气质由理性主义、经验主义、禁欲主义和功利主义构成[①]。1942年，默顿发表了《关于科学与民主的看法》的论文，进一步阐释了他对现代科学精神气质——普遍主义、公有性、无私利性、有组织的怀疑主义——的认识，这四个方面构成了后来默顿学派对科学活动规

① 默顿从1933年开始着手其博士论文《十七世纪英国的科学、技术与社会》的写作，将科学作为独立的社会系统和制度来对待，这篇博士论文是科学社会学的奠基之作。

范的基本认识，也引起了学术界对学术研究性质的广泛争论。其中，默顿规范中的“公有性”和“无私利性”与本书讨论的主题相关：“公有性”是指所有科学发现都是社会合作的产物，不能被私人占有，应该公开以及平均地分配给全体社会成员；“无私利性”是指科学研究的出发点是为了推动科学的进展，而不是满足科学家个人的私利。“公有性”和“无私利性”的提出是为了纯化科学家从事科学研究的动机。

但是，为了让学院科学研究成果得到充分的应用，需要有第三方的投入来进一步开发学术界的研究成果。按照这个逻辑，美国开始鼓励大学对科研成果申请专利保护，大学里也开始陆陆续续制定了相关的专利政策。专利制度从本质上是以私人产权的垄断性来换取研究成果的公开。但是，专利也给本属于公共领域的学术研究套上了私有产权的外衣。学术研究曾被认为是大学系统历史上对公共科学最大的贡献，因此许多人担心，对大学科研成果赋予知识产权的保护，是否会降低大学对公共科学的贡献。知识产权的保护会不会导致公共知识的私有化，从而违背大学作为公共知识提供者这种组织的基本职能。也有人担心，对大学的研究成果广泛地申请专利会阻碍创新的进程。事实上，鼓励学术科研成果申请专利或其他知识产权保护，是对默顿科学规范中“公有性”提出的挑战。让学术知识成为了有偿转让的对象，是“公共产权私有化”的表现，会对纳税人的利益造成损害。然而，为了有足够的激励机制促进对科学研究成果的进一步开发，将科学发现所有权私有化是有必要的。

20 世纪 70 年代中后期起，美国的大学以不同的方式参与到商业活动中来：专利申请和转让，建立孵化器、科学园、大学创业企业，对初创企业的股权投资。艾德旺·麦斯菲尔德（Edwin Mansfield）的研究，最先分析了不同产业的技术创新在多大程度上受益于最近的学术研究成果，以及考察了学术研究的社会回报率时间，即学术科研项目的投入和这些研究的成果被运用到产业中的时间滞后性。他通过实证分析得出，学术研究对不同产业的影响在时间上是不同的。对普通的小企业而言，产生影响的时间大约为学术研究成果完成后的 7 年；但对大企业来说，时间的滞后性会更长。在此之前没有人就学术研究成果对工业创新影响的时间长度进行分析，麦斯菲尔德也指出这项研究存在一定的局限性，所得的数据和使用需要非常谨慎。“创业型大学”被视为大学发展的新方向，许多研究“创业型大学”的文章认为，创业活动是大学体系自然演化的过程。“创业型大学”的发展既有内部的原因，也有外部的原因。包括分析阻止或提高大学向“创业型大学”发展的影响因子，比如大学所在的区域经济、中介机构、大学的创业文化和氛围、大学的层次和内部的激励政策。

20 世纪 80 年代，美国国会制定了许多政策措施，促进“大学—企业”之间的合作，或是提高学术研究成果的技术转移。美国国家科学基金会（NSF）出台了一系列促进大学与产业界合作的计划，包括建立工程研究中心、校—企联合研发中心、科学与技术中心、孵化器和大学科学园、风险基金等，这些制度的建设旨在促进大学技术转移。第一部技术转移法案是 1980 年由吉米·卡特（Jimmy Carter）政府签署的《史蒂文森—威德勒技术创新法案》（*Stevenson – Wydler Technology Innovation Act*）①，该法案要求联邦实验室积极地参与向非联邦机构或其他任何想获得联邦实验室技术的组织机构进行技术转移，根本目的是通过技术转移，将联邦政府资助下所得到的知识和技术向公众扩散。该法案还要求实验室拿出一部分预算经费用于技术转移活动（不少于科研总预算的 0.5%）。卡特总统在签署该法案时指出，该法案是要开创“政府—企业”合作的新时代。每个联邦实验室要设立技术中心，让来自政府、产业界和大学的最具有创新能力的思想在这些技术中心融合。申请成立技术中心只要获得国会的许可即可，中心初期由政府和企业共同资助，在五年内期望能够实现自负盈亏。这个法案实质上是将技术转移纳入联邦政府的日常职责中，成为政府部门的任务。技术转移代理人职位也被列为政府的雇员和行政部门。第二部重要的法案是 1986 年的《联邦技术转移法案》（Federal Technology Transfer Act），是对上一个法案的补充。该法案规定，所有政府运营的实验室都可以与大学或企业建立科研合作。联邦实验室的负责人还享有与企业签订合作协议、成立合资企业的方式来推广实验室技术的权利。该法案鼓励政府经营的实验室签订与企业合作的研究协议，以在国家基金会内建立“联邦实验室联盟”的方式促进技术转移的实现。

但是，20 世纪 80 年代最受关注的公共政策是 1980 年出台的《专利和商标修正案》（Bayh – Dole 法案），Bayh – Dole 法案改变了联邦政府资助下的科研成果的知识产权归属，使原来各联邦资助的研究成果归资助者所有，变成由承担联邦资助课题的项目承担者所有。此后大学作为联邦政府资助

① Jimmy Carter, Statement on Signing S. 1250 Into Law, October 21, 1980.

的主要对象，能够成为联邦政府资助课题中知识产权的所有权人。大学出现商业化的趋势，是多方面原因使然，包括近年来企业的发展越来越依靠技术的进步。大学从追求基础知识和以教学为主的象牙塔，到技术商业化开发的知识源泉，以及因 Bayh – Dole 法案所引起的大学知识产权所有权归属模式的变迁，实际上是一种范式的转变。要求大学从内部系统做出调整来加速技术转移。托马斯·库恩（Thomas Kuhn）在《科学革命的结构》中曾指出任何范式的转变都没有顺利的途径。Bayh – Dole 法案出台之后，许多研究集中在考察 Bayh – Dole 法案所引起的知识产权归属的变迁，以及在促进大学技术转移效率的政策目的上是否有效。

也有许多学者关注学术研究在影响工业创新的同时，也关注如何保证学术研究的纯洁性。佐治亚理工大学的杰瑞·瑟斯比 Jerry Thursby 和玛丽·瑟斯比（Marie Thursby），在这方面进行了许多的努力。他们讨论是否 Bayh – Dole 法案出台以后，鼓励大学教师选择应用型较强的研究领域，而忽视短期难见成效的基础性研究，会对大学追求真知的研究氛围带来不利的影响，但是研究的结果并没有产生负面的影响。也有学者从科学开放性的角度出发，提出对大学的研究成果广泛申请专利，确实会阻碍创新的进程，至少会让创新变得更难实现，尤其是在生物医学技术领域，大量的专利保护研究的工具、方法和技术会阻碍下一步的研究。麻省理工学院的菲奥娜·慕瑞（Fiona Murray）等讨论了正式的知识产权是否会阻碍科学知识的流动，是否会造成反公有主义。华盛顿大学经济社会学系的两位教授米歇尔·伯德任（Michele Boldrin）和大卫·烈维（David Levine）在他们的著作《反对知识的垄断》（*Against Intellectual Monopoly*）中批判了知识产权制度为人类创新进程和人们生活福祉带来的弊端。比如，一个青少年可能会因为盗版音乐被起诉或者一个非洲的急需艾滋病药物救援的人需要付出昂贵的医药费。

对于如何看待学术研究与工业创新的关系，以及对学术研究成果赋予知识产权的保护，是否会导致公共知识私有化，政府资助下的知识产权能否交付给除政府之外的其他人这些问题，学术界似乎一直争论不休，每个学者都有辩护其观点合理性的不同立场。但是无论如何，大学的发展对于社会的贡献，肯定已经不能止于对纯粹知识的积累或者是知识的传承两个方面了。如何更好地开发和利用学术科研成果，成为这个时期政策制定者关心的重点。

二、影响大学技术转移的制度因素

社会活动包括两个层次：①制度的设计；②行为人遵循既定的制度规则下展开相互作用，而不同的制度安排会影响资源的配置和创新的进程。大学的技术转移活动不仅是一项经济活动，更是由学术科学家、企业科学家、大学行政管理人员、大学里的技术转移管理机构人员和企业家/管理人，在既定的制度结构中相互作用所建构的技术转移社会网络。斯科特认为，制度应该包含三个基本支柱：强制性支柱（Regulative Pillar）、规范性支柱（Normative Pillar）和文化认知支柱（Cultural - Cognitive Pillar）。强制性支柱是制度中最核心的构成，比如法律法规、制度内行动者必须遵循的行为准则；规范性支柱则是制度内行为人应该遵循的，比如规范性文件、约定俗成的规则；文化认知支柱则表现为对制度的认同感，比如民族认同感、对企业文化的认同感等方面。

对于影响大学技术转移的制度因素，宏观层面的制度因素是指国家法律政策，有时甚至是超国家层面的[①]。中观层面主要是大学层面的制度因素，包括大学对待技术转移的态度和文化氛围，相关的政策、管理者的态度是否鼓励教师申请专利、创业和技术转移活动等。比如麻省理工学院的前校长卡尔·坎普顿（Karl Comton）在20世纪三四十年代，就大力提倡大学教授的创业活动。到20世纪六七十年代，麻省理工学院成为美国少数制定了专利政策的学校之一。另外，大学的研究水平、声誉和所在地区的经济活动和可获得的资源也是中观层面的制度因素。大学教职人员对待技术转移管理机构态度的重要性在于，技术转移的第一步是取决于科研人员是否愿意将创新的成果披露给大学技术转移办公室（Technology Transfer Office，TTO）。这就意味着，大学和大学技术转移办公室制定了吸引大学科研人员向其披露他们的研究成果的激励机制和合理的利益分配制度。微观层面的制度因素，可以从技术转移所基于的学科特点来分析。欧文·史密斯

---

① 比如OECD国家在美国Bayh - Dole法案出台之后，开始意识到要通过知识产权制度的重新调整来改变欧洲所谓的“欧洲悖论”。理解大学知识产权管理规则对于学术界专利活动的影响是一个复杂的问题，美国以及大部分OECD成员国调整公共资助的科研成果的所有权归属，事实上也是受到不同社会因素的塑造而形成的新模式。即使许多欧洲国家制定出组织机构所有权的管理模式，其实施的方式和力度也大不相同。

和瓦特尔·鲍威尔比较了生命科学领域和物理科学领域大学教职人员的技术转让活动，发现不同的学科领域对于申请专利的动机和态度很不一样。生命科学家更加关心的是研究成果的优先发现权，因此他们申请专利，能够保证专有的利益（Proprietary Benefits），从而获得在企业中的影响力；而物理科学家申请专利的目的在于他们可以公开宣传其工作，而不用担心会失去潜在的有价值的知识产权所有权，更可以获得在大学里的影响力。

有学者分析了110所美国研究型大学在1981～1999年发表的基础科学的文章。他们通过对科学文章的署名作者数量的分析，发现在过去的19年间，研究团队的规模以及企业科学家和学术科学家的合作都有了较大的提升。技术转移不仅仅是大学向企业的知识和技术转移，其网络的结构表征着技术转移社会网络内部知识流动是双向的需求。学术科学家的主要目的之一是取得科学家共同体的认可（发表在顶级期刊上的学术文献、在主要的机构和会议上的演讲或者是研讨会，及其所获得的科研基金）。科学产出和影响随着研究团队规模的增加而提高，而两个科学家群体之间的合作又会扩大这种影响。因为研究团队规模的扩大意味着科学劳动分工更加细致，从而可以提高科研产出率。还有学者通过对明星科学家的访谈发现，在生物技术领域，学术科学家认为与工业界的合作更有助于其在大学里的基础研究工作。而社会资本会影响科学家与企业之间关系的密切程度，学术科学家的职业发展与社会资本之间有紧密的关系。

三、关于 Bayh－Dole 法案的研究

从公共政策的角度来看，美国国会1980年通过的 Bayh－Dole 法案（*The Patent and Trademark Amendments of* 1980，*Public Law*），被认为有效地促进了大学参与专利活动，使得联邦政府资助下的学术成果得到了有效的商业化开发。Bayh－Dole 法案本身也成为学术界和政策界广泛讨论的话题。调整知识产权的归属模式成为世界各国修改大学知识产权管理制度的切入点，并且以“大学所有权模式”为模板进行改革。

Bayh－Dole 法案统一了美国联邦专利制度，从根本上改变了利用联邦政府资助进行研发形成的知识产权的权利归属规则，把研发成果的所有权从政府手中转移到与政府签订合同或授权协议的大学、非营利性研究机构和小企业手中。Bayh－Dole 法案通过之前，美国政府有30000件专利，而其

中实现商业转化的只有5%。Bayh - Dole法案通过之后，出现了大量的文献讨论大学专利活动的变化以及Bayh - Dole法案带来的影响。有学者将大学专利活动的增加归结为Bayh - Dole法案的影响。然而越来越多的学者指出，Bayh - Dole法案是美国大学专利活动制度化形成的最后一步，是结果而不是原因。大学专利活动的快速增长受到许多其他因素的影响，Bayh - Dole只是这些众多公共政策中的一部分，并不能表明它的影响就高于其他政策措施。也有学者从另外一个角度考察Bayh - Dole法案所带来的影响，比如它是否鼓励大学的商业活动氛围，从而对大学的科研文化氛围产生负面影响；科研人员是否会选择研究周期较短、应用型较强的科研项目，使得大学的研究更加趋于利益导向，追求短期的商业利益而不利于新知识的获得，进而从长远的角度看来是否会不利于公众的利益。而关于Bayh - Dole法案是否会影响大学基础研究的氛围；对大学科研成果广泛的专利保护是否会破坏学术界之间的合作，从而阻碍科学的进步；以及Bayh - Dole法案鼓励大学科研成果的商业化开发，是否会对大学教师的科研兴趣产生影响，且在选择研究课题时更加倾向于应用性或商业化的研究，这些方面的问题可以参考佐治亚理工大学的瑟斯比的研究。

还有一些研究分析了模仿Bayh - Dole法案对其他国家带来的影响。20世纪90年代，受Bayh - Dole法案的影响，欧洲国家普遍放弃了“教授优先权原则”或“发明人所有权原则”。吉娜和罗斯（Geuna & Rossi）全面地分析了欧洲国家大学知识产权管理政策的变化，认为即使这些国家受到了Bayh - Dole法案的影响，也存在较大的差异，他们认为至少存在五种不同的产权归属模式。发展中国家对Bayh - Dole法案的模仿所面临的挑战和风险，也引起了学术界广泛的研究兴趣。许多其他发展中国家，如印度、巴西、南非、马来西亚、约旦等国也在考虑制定与美国Bayh - Dole法案类似的法律，有学者讨论Bayh - Dole法案模式在发展中国家法律移植的可能性和效果。索·安索尼等的研究指出这些国家的政策制定者过于夸大了Bayh - Dole法案对于美国创新增长的贡献；萨姆帕特以印度为例指出，发展中国家应该了解其本国的特征、需要解决的问题和可能的解决方案，而不是仅仅模仿Bayh - Dole法案。对处于转型经济中的中国而言，国家以及大学的发展迫切要求提高大学基础研究的能力、大学的科研层次，同时也强调大学的科研成果如何解决企业发展中面临的技术难题、提高大学科研成果在市场中的利用率的问题。研究Bayh - Dole法案，对完善我国公共资助的科研成果和大学技术转移体系均有重要的价值。我国学者也认真分析了Bayh－Dole法案的历史背景，考察了Bayh－Dole对我国技术转移法律体系完善的影响，但是对于Bayh－Dole法案的分析还不是很全面，在实证分析和理论反思方面均存在不足。

在Bayh－Dole法案出台30周年之际，已经有越来越多的学者开始重新反思Bayh－Dole法案对美国大学技术转移活动带来的影响。“大学所有权归属模式”是不是唯一适用的模式？知识产权归属的改变对于技术转移的影响是不是最核心的因素？许多学者也持有不同的观点，大卫·莫利教授及其同事在许多研究中指出，要在美国国家创新体系的情境下看待Bayh－Dole法案的政策影响。对于其他模仿者而言，即使是与Bayh－Dole法案一模一样的内容，由于其运行的制度环境不同，其发挥的作用也不同。模仿者对于Bayh－Dole法案的理解往往存在两个误区：①将Bayh－Dole法案视为大学知识产权政策的全部，实际上Bayh－Dole法案调整的仅仅是公共资助下科研成果的知识产权归属，对于非公共资助科研成果获取的知识产权，仍然有可能由发明人获取。②Bayh－Dole法案也经常被描述为美国大学知识产权归属的变迁。实际在此之前，许多政府机构允许大学对其资助的发明进行商业化开发，但是需要逐个签订大学与政府机构之间的双边协议。对于那些已经模仿或者正在打算模仿Bayh－Dole法案的政策制定者，笔者认为首先需要考虑的两个问题是：①Bayh－Dole法案是否适用于其本国的制度环境；②知识产权归属是不是影响大学技术转移的唯一或最核心的因素，通过调整知识产权归属这一单一的行为能否实现促进大学技术转移的目的。

总的来说，由Bayh－Dole法案引起的研究问题集中在以下几个方面：①Bayh－Dole法案改变了联邦政府资助下的科研成果的所有权归属，能否有效地激励大学申请更多的专利？②Bayh－Dole法案是否会改变大学科研活动的研究氛围，使得大学的研究更加趋于追逐短期的经济利益，从而破坏大学的基础研究氛围？③其他国家模仿Bayh－Dole法案能否达到同样的效果？其他相关的研究问题还包括：学术研究在什么情况下应该公开，什么情况下应该进入私有领域；学术研究的私有化对科学的精神气质的影响是积极的还是消极的，等等。

第三节 研究方法和研究内容

一、研究方法

本书将采用理论探索和案例分析相结合的研究方法。由于知识产权和技术转移是一个综合性和复杂性的问题，涉及的学科领域较为广泛，本书主要立足于社会史的分析视角下，将知识产权制度和大学技术转移两者之间的关系看作是一个社会问题加以考察。这两者之间的关系是跟随着社会体系的变化而变化的，因此本书首先介绍了制度变迁的理论。其次，制度变迁会促使技术转移活动的目的、方式发生变化，从而对知识产权制度，尤其是作为其中核心要素的所有权权利归属方式提出新的诉求，因而，本书运用产权理论来分析知识产权制度演变的方式。通过制度理论和产权理论的综合运用，对比分析了国内外不同时期知识产权制度或政策的演变、大学技术转移在不同时期所表现出来的特征，以及两者之间的关系。国外政策的分析主要是对 Bayh – Dole 法案的历史演变和最终知识产权归属模式选择的制度因素的分析，发现 Bayh – Dole 法案的通过经历了反复的磋商、协调，实际上是历史建构的过程。本书力求探索政策变迁背后所蕴含的哲理和法理。

为了更明确地说明制度变迁对大学技术转移的影响，将理论研究与实证研究结合起来，本书以清华大学作为具体的案例研究对象，分析它在制度变迁的情景下，不同历史阶段技术转移的活动、特点，通过深度访谈和史料挖掘的方式为文章积累丰富的素材。本书将清华大学的技术转移实践作为案例研究的对象，贯穿在每章节的研究中，是出于以下几方面因素的综合考虑：其一，清华大学被选为我国第一批“全国企事业单位知识产权试点”工作单位[①]。它在科研管理和技术转移方面的发展和变革对研究中国特色技术转移具有重要的意义。其二，清华大学在高校技术转移的活动中走在了全国高校的前列，探索出许多技术转移的新模式，制定了促进技术转移的激励政策，技术转移组织机构的创立等措施成为其他高校学习的对象。其三，清华大学技术转移的类型丰富，尤其是在国家重大项目资助下的产业化方面积聚了丰富的案例，为本书提供了许多好的素材。其四，案例分析是实证研究的重要方法，本书研究的主要是知识产权对技术转移的影响，对清华大学技术转移实践的分析是为了让知识产权与技术转移两者之间相互作用的理论分析更为形象和具体，而不是为了从中总结影响大学知识产权制度演变的具体规律。

二、访谈和调研

在分析清华大学的科研活动、技术转移情况、科研管理机构的设置方面，笔者走访了清华大学科研院、清华科技园、清华大学老馆档案室，搜集了丰富的文献资料：《清华大学科技年鉴》（1990～2012）、《清华大学科研五十年：1956～2006》、《清华控股年鉴》（2004～2010）、《清华大学志》、《清华大学百年成果选编》等。这些资料中汇总了清华大学科研活动的历程、各个阶段出台的政策、科研组织机构的调整和人事关系的变动等。通过查阅这些史料，笔者掌握了清华大学不同历史阶段技术转移的特征、重要事件和典型案例。本书结合查阅的资料，还多次访谈清华大学退休教师和科研管理工作的主要负责人，试图对清华大学技术转移的历史有一个更为全面的掌握。本书所提出的研究问题，也是在史料查阅和访谈工作的进行中不断进行调整。调研和访谈基本可以分为以下四个阶段：

（一）前期调研

前期调研是在本书写作之前，是提炼研究问题的阶段，时间上是从2010年5月到2011年11月。其中，2010年5月至9月，笔者走访了清华

① 1995年，国家科学技术委员会发布了《关于开展企事业单位知识产权保护试点工作的通知》，1996年，根据有关部门和地方知识产权协调指导机构的推荐，国家科学技术委员会确定了首批全国企事业单位保护知识产权的试点单位共45个，其中大中企业25个、科研机构12个、高等院校6个、中学2个。这6个高等院校是：清华大学、北京林业大学、上海大学、武汉水利电力大学、北京大学和中南工业大学。

大学、同济大学、北京理工大学、上海交通大学四所高校的科研管理部门，访谈了四所高校的主管技术转移工作的部门负责人。访谈的内容包括：大学技术转移机构的设置、专利申请和授权情况、专利技术转让情况、与专利活动相关的激励机制或政策、技术转移的平台以及在技术转移中遇到的知识产权问题。通过第一阶段的调研发现，受访高校的科研管理部门并没有表现出对知识产权所有权归属的突出强调，甚至直接参与科研项目的科研人员和研究生对于“谁是专利权的主体”的概念还很模糊。这一点与国外发达国家的做法存在较大的区别，国外许多国家的政策制定者都试图通过调整知识产权的归属来促进学术科研成果商业开发的效率。如果我国的情况不一样，那么知识产权与技术转移之间的关系究竟是怎样的？事实上，影响高校技术转移的资源基础是多方面的，知识产权只是其中的一个原因。而高校本身的科研资源、技术转移的文化、高校所在地区的区域政策和经济发展水平都是影响大学技术转移实现的重要因素。

2010 年 7 月至 2011 年 9 月，笔者在江苏省昆山市经济与贸易委员会进行社会实践调查。清华大学与昆山市之间建立了良好的“校—地”合作关系，“校—地”合作模式是清华大学技术转移的主要方式之一。本书的研究在笔者实习单位和昆山市科技局、清华科技园的协助下完成。在此期间，笔者走访了江苏省工业园、清华大学科技园，以及许多与清华的技术有密切关系的高科技企业，其中包括由启迪昆山科技园发起组建的江苏省小核酸产业技术创新联盟基地、维信诺公司（清华的核心技术）、天瑞仪器（清华毕业校友创办）、山东省泉清公司（清华大学技术入股）等，这些经历为笔者了解清华大学的技术转移活动提供了很好的素材。清华大学在技术转移的实践方面进行了许多探索，许多政策和措施也成为其他高校学习的对象。清华大学许多技术转移的方式也是具有开创性和突破性的。清华大学在技术转移方面积累了丰富的案例素材。当然，清华大学科研工作的开展也有其特殊性和无可复制的地方，但是鉴于清华大学在技术转移工作方面的先见性和影响力，笔者最终决定在探讨知识产权和技术转移两者之间关系的同时，将清华大学作为案例研究的对象，也将后期的访谈集中在清华大学。

（二）对 Bayh－Dole 法案研究学者的访谈

对 Bayh－Dole 法案的研究学者的访谈，加深了笔者对知识产权和技术转移两者之间关系的重新认识。2010～2011 年，笔者在美国加州大学戴维斯分校访问交流一年。两位合作导师马丁·凯尼（Martin Kenney）教授和唐纳德·巴顿（Donald Patton）研究员是“发明人所有权”的主要提倡者。他们并没有直接指出哪种产权归属模式就一定是最优的，但是面对世界范围内对 Bayh - Dole 法案的热情，他们觉得应该指出，至少并不是只有这一种模式是最有效的。对其他国家而言，大学与工业界之间的关系、其他政策的配套设施、已有的技术转移实践都决定了它们应该有着不同的技术实践和路径。他们用实证的数据论证并不是 Bayh - Dole 法案那种将知识产权所有权交付给大学的做法，才是唯一有利于促进大学技术转移的政策安排。他们花了两年的时间，建立了北美地区六所大学在五个领域中成立的衍生企业数据库，通过实证数据的分析发现，在实施发明人所有权模式的加拿大滑铁卢大学基于专利发展起来的衍生企业的数量，不比其他几所大学所有权模式下的另外五所大学成立的衍生企业少。他们的结论实质上从另一个角度进一步论证了知识产权制度与大学技术转移之间的关系并不是在所有国家和地区都是唯一的，它们之间的关系会随着制度环境的变化而发生改变，因而也很难说哪一种模式是放之四海而皆准的。

另外，在参加国际科学社会学年会（Society for Social Study of Sciences，4S）期间，笔者访谈了伊莉莎贝丝·伯尔曼（Elizabeth Berman），她是少数将制度理论的分析框架用于理解 Bayh - Dole 法案的学者。她认为 Bayh - Dole 法案应该是大学专利活动制度化形成的结果，而不是促进大学专利活动快速增长的原因，由此也消解了政策学习者将注意力集中在“所有权归属”的制度设计上。她的分析思路还融合了科学技术学（STS）的研究视野：回到政策形成的过程中，了解政策的社会建构的过程，以及相关利益行动者之间的交涉、磋商、协调是如何进行的，即了解 Bayh - Dole 法案的形成过程，以及为什么要选择将知识产权交付给大学的这种产权归属的方式，认为只要打开制度的黑箱，就不会盲目崇拜某个政策的有效性。伯尔曼的制度主义和 STS 研究思路的比较分析对本书的写作具有很大的启发作用。

（三）深度访谈和史料搜集

为了进行一项社会史的研究，深度访谈和史料挖掘在研究的进行中，占据了很重要的分量。访谈问卷的设置是半结构式的，问题的开放度比较大，目的是调动起受访人交谈的兴趣（见附录二）。深度访谈和普通问卷调查的不同之处在于，深度访谈是有针对性地选择调研时间的核心人物，比如衍生企业的创始人、政策制定的直接参与者等。以大型集装箱检测技术的产业化为例，笔者访谈了当年参与集装箱检测技术的科研工作人员、科研管理人员以及目前的企业高层管理人员。每次访谈的时间最短在 1 小时以上，最长不超过 2 小时。根据研究的需要和问题的凝练，许多受访者后期还接受了笔者的多次回访。因此，访谈工作在时间的跨度上，正式开始于 2011 年 9 月，结束于 2013 年 6 月。深度访谈最理想的状态是尽量与受访者之间建立起一种信任的关系。后续的访谈中有些介于正式和非正式的谈话形式，可能是通过电话、邮件或者咖啡厅的闲谈，这些方式更能让受访者找到一种比较放松的心态和谈话的兴奋点，进而让访谈人捕获到许多意想不到的信息。

（四）衍生企业案例的选择

通过前期访谈和历史材料的整理，选择了四个重点访谈的清华大学的衍生企业：①同方威视技术股份有限公司（以下简称同方威视）；②华清农业开发有限公司（以下简称华清农业）；③昆山维信诺显示技术有限公司（以下简称维信诺）；④博奥生物有限公司暨生物芯片北京国家工程研究中心（以下简称博奥生物）。这些企业都是在清华大学核心专利技术上发展起来的，专利技术的来源都是清华大学所承担的国家重大科技项目的资助。在技术转移的方式上选择了组建公司的方式，但是这些企业在历史机遇、技术特征与知识产权之间关系的处理上，都有一些不同的措施。笔者访谈了这些企业的负责人、科研管理工作者、教授、衍生企业的创始人、研究生和博士生等，他们在技术转移的网络体系中扮演着不同的角色。本书从技术转移网络体系中不同行动者的角度，来分析他们对知识产权制度和技术转移两者之间关系的理解。

三、研究内容

本研究共分为四个部分和七个章节：

第一部分（第一章和第二章）：

第一章，本书研究问题的缘起和问题的提出。美国 Bayh - Dole 法案出台以后，国际和国内促进大学技术转移的政策措施中，均将知识产权制度的设置，尤其是其中的知识产权归属问题作为重要切入点，Bayh - Dole 法案也成为许多国家效仿的对象。对于经历了经济体制制度转型的中国而言，知识产权制度对于中国大学技术转移的影响，在不同的制度情景下有着不同的表现。而随着制度的变迁，两者之间的关系也在发生变化。本书的研究核心是通过制度的分析，回顾知识产权和技术转移两者之间关系塑造的过程、存在的问题以及发现适合于中国大学技术转移特征的知识产权制度。

第二章，对本书主要的研究问题进行概念界定：技术转移近似概念的辨析、技术转移的内涵和表现、本书所探讨的知识产权的具体指向——专利。本书的理论基础是产权理论、制度理论以及科学技术学（STS），这些理论分析视角的综合运用贯彻全文。本章介绍了本书的写作思路，其中包括文章整体结构的安排、案例的选择以及各章节的具体内容介绍。

第二部分（第三章、第四章和第五章）：

第三章，关于20世纪50~70年代末期，当时中国处于完全的计划经济体制下，没有建立知识产权制度，是一种非产权激励下的实践活动。大学知识和技术向生产领域的流动通过国家任务（项目）、政府组织、技术对接、校办工厂、三联体的建设等方式实现。产权归属对于技术转移的影响并不重要。

第四章，关于20世纪80~90年代末期，国内外政策环境发生了较大的变化。国际上开始广泛关注学术科研成果的商业开发，美国出台了Bayh - Dole法案，将知识产权制度与大学技术转移的实践紧密联系起来，并得到了世界各国的仿效。在这样的国际背景下，中国国内经历了从计划经济体制向市场经济体制的制度转轨，改革开放让中国融入世界经济交易体系中，并快速建立了知识产权制度。从国有企业开始，各个领域进行了产权改革；高等院校在国家创新体系中所扮演的角色也从以教学为主，转为教学、科研和服务社会三项主要功能。这一阶段，校办企业的快速兴起成为大学技术转移的重要渠道，但是产权改革又让校办企业逐渐脱离学校的直接管理，开始独立发展。学校以知识和资金为纽带对校办企业进行规范化清理。本章整理并对比了国内外政策环境的主要变化，并结合清华大学的实际说明技术转移的特点。

第五章，2000年以后市场经济进一步发展。国家对科技的投入力度不断增强，大学成为国家科技计划项目的主要参与者。与此同时，大学的专利成果不断增加，为技术转移积累了丰富的资源基础。科技部等国家部委也更加关注国家重大项目资助下的知识产权制度的管理。这些技术成果具有综合性和复杂性的特点，在进行产业化开发时，难以在社会上找到承接的企业。因而，衍生企业成为重大科技成果技术转移的主要路径选择。知识产权的问题也在衍生企业中越发凸显出来，也将知识产权制度的重构摆到了政策制定者的面前。总结了清华大学历年技术转移的主要模式和技术转移过程中存在的知识产权纠纷，并反思了知识产权制度的设置带来的技术转移过程中的知识产权问题。

第三部分（第六章）：

在第三、第四、第五章，分阶段分析了我国大学知识产权与技术转移的相互作用关系之后，第六章主要从知识产权制度的核心因素——所有权归属——来讨论产权归属模式变迁的意义。鉴于 Bayh - Dole 法案引发了世界各国政策制定者在制定提高大学技术转移效率的政策时，均从知识产权的制度安排入手。因此，本章首先基于制度理论的视角分析了 Bayh - Dole 法案在美国国会通过的过程，并说明了它是相关行动者协商、妥协，甚至博弈的结果。其次分析了 2000 年以后，我国新出台的政策和修订的法律在多大程度上受 Bayh - Dole 法案的影响。最后分析讨论了大学知识产权制度产权归属对于技术转移的意义。

第四部分（第七章）：

第七章，结论、创新点和后续工作的内容。总结了本书的研究内容，列出本书研究的创新点。为后续以清华大学为对象展开研究“中国式创业型大学的缘起和特征”提供了前期的理论基础。

第二章　概念界定、理论视角和本书结构

研究知识产权制度与大学技术转移两者之间的关系，首先需要界定两者的概念。关于“知识产权”概念的界定，国际条约和国内法律的通行做法是通过列举式，明确知识产权保护的对象，其中商标、著作权、工业产权被认为是三类最基本的知识产权。有些国家也把集成电路布局、植物新品种、传统知识、人工微生物等纳入知识产权的范畴。与大学技术转移活动联系最紧密的知识产权制度，主要是指“专利”这种类型的知识产权。

首先，本章对文中所讨论的技术转移和知识产权的概念进行界定。其次，介绍为本书提供理论视角的制度理论、产权理论和科学技术与社会学（STS）。最后，介绍构成本书主要框架的历史分期的思路。

第一节　概念界定

一、技术转移的内涵及相关概念的辨析

（一）技术转移的内涵

知识的转移包括默会知识的转移和显性知识的转移。大学技术转移是实现大学与产业环境互动的主要机制。直接的技术转让和合作研究可以视为大学对经济贡献的显性知识的流动。政策制定者所关注的技术转移，往往是指大学显性知识的流动。但是，大学所拥有的那种熟练技艺的基础知识的转移，很大程度上是指默会知识的转移，因为默会知识的转移要求人

员之间有密切的社会互动，难以被编码和形式化。在某种程度上科学家也不能够或很难详尽地阐述明白。相比之下，显性知识更容易表述，因其流动是可以被编码的，比如大学制定的各种不同的知识产权管理规定就是为了保护显性知识的价值，而这些政策蕴含的实质其实是大学大部分的知识是显性的，也反映出大学技术转移所关注的是这些由知识产权所承载的显性知识的流动。

按照技术转移是否直接产生法律上的权利和义务关系，可以分为正式和非正式的两种类型的技术转移。所谓正式的技术转移必须关注产权的分配或权利主体的变更，专利许可证贸易和基于大学的核心专利成立衍生企业是典型的正式的技术转移；而非正式的技术转移较少关注产权的分配和所有权主体的变更，主要的途径包括大学教职人员的非正式技术转让、企业科学家联合发表文章、企业咨询、技术支持、合作研究等。产权的所有权安排不是最主要的，责任相对来说是规则性的而非直接的法律上的权责关系。但是，各个国家的政策制定者都更希望看到大学教师以学校的身份来进行正式的技术转移，而不是通过其他私下咨询等非正式的技术转移。

目前，对于正式的技术转移的研究比较丰富。同时，对于大学技术转移的研究，许多是集中在机构层面上的讨论，比如大学技术转移办公室、校企合作研究中心、科学/研究园或是孵化器对大学技术转移的功效，对于参与技术转移过程中的具体行动者的关注却很少。我们需要更多地关注学术科学家本身，因为他们是直接参与技术成果商业化开发的主要行动者。但是很少有研究从个人层面分析科学家在正式的技术转移机制中发挥的作用，比如他们申请专利的意愿、与企业科学家的合作、基于实验室研究成立创业企业等。唐纳德·西格尔（Donald Siegel）通过对大量的教职人员的访谈所获得的一个关键事实是，许多大学的教职人员不会向大学披露其创新成果，而且即使这些创新成果已经向公众披露了，一些需要这些技术的企业也会直接联系相关的研究人员，并获取合作的可能，通过非正式的途径实现技术转移。亨利·赫兹菲尔德（Henry Hertzfeld）在对54所美国研究密集型企业的与大学专利相关的知识产权保护机制的研究中发现，这些企业认为，与大学技术转移办公室（TTO）在交涉知识产权事务的过程中存在很多困难，比如大学TTO的人员会提高有商业价值专利的价位。由此，在可能的情况下，企业更愿意直接与大学的科学家和工程师直接交涉而不是通过TTO。阿尔伯特·林克（Albert Link）的研究还指出男性科研人员、终身科研人员以及研究经费充足的科研人员更易通过非正式模式转让技术。

对于非正式的技术转移机制的考察就目前的文献而言还不多见，正式的技术转移会直接导致与法律相关的权利和义务，关注产权的分配；非正式的大学技术转移机制，包括大学教职人员的非正式技术转让、企业科学家联合发表的文章、企业咨询、技术支持、合作研究等方面。产权的所有权不是最主要的，责任相对来说是规则性的而非直接导致法律上的权责关系。大学激励政策调整，需要使学术科学家更加愿意作为大学中的角色转让技术，而不是以咨询的方式私下转让。大学应该考虑调整费用的分配模式，使之更加符合科研人员的利益。

（二）近似概念的辨析

在讨论大学科研成果进入市场领域的相关研究中，经常使用的几个概念是：技术转移、科技成果推广、科技成果转让、专利实施等。从广义上看，这几个概念基本指的是同一个意思。但是细分这些概念会发现其中有很大的不同，对这些概念的界定及相互之间关系的澄清很有必要。

技术转移的概念涵盖的内容最广，最早的技术转移是指技术从先进国家到落后国家的转移，也可以指从技术领先的企业到技术相对落后企业之间的转移；现在，技术转移最普遍的是指大学的科研成果的进一步商业化运作，从大学向企业的转移。罗瑟斯那尔（Rosessner）将技术转移的概念定义为"技艺、技术知识或者技术从一个组织到另一个组织间的流动"。他所定义的技术转移的概念比较宽泛，主要是从组织和制度的角度来划分，"技术的来源包括私有企业、政府机构、政府实验室、大学、非营利性的研究组织或者国家"，"而技术转移的接受者包括学校、政策部门、小企业、立法者、城市、州或者是国家"。技术转移也会发生在某个单一的组织内部，比如大型的研发密集型企业，根据产品开发的阶段，技术转移可以是技术思想、概念、原型从研发部门向生产部门的转移。一般而言，技术转移的具体途径是专利许可证贸易、技术服务、技术对接、技术咨询等，或是基于某个学校的技术（包括专利技术或者非专利技术）成立衍生企业等。科技成果转让的概念与技术转移具有相同的内涵，大部分情况下，这两个概念非常接近，但是科技成果转让似乎看起来并不一定涉及权利主体的变更。在科技成果推广的概念中，成果可以是包含若干项专利或者是非专利的技术，并且经过相关部门和专家的鉴定被认定为学校的研究成果，由学校、科研人员或者第三方对该项成果进行规模化推广。因此，科技成果推广可以是将某项专利的具体技术转化为生产力，也可以是就已经存在的共有技术进行的转化。科技成果推广包含于技术转移中，而专利的实施是两个概念的子集。

因此，本书所讨论的大学技术转移，是指在大学里完成的科技成果向企业或生产部门的流动，具体的类型包括：①企业向大学购买具有商业价值的技术；购买的途径可以是技术许可（包括专利技术许可）、校—企之间建立技术合作、技术咨询和技术服务。它们共同的特点是由现存的企业向大学支付技术转移费用的方式获取大学知识。②在大学科技成果的基础上，成立衍生企业或者是创业企业。两者均是创立新企业的模式，主要不同之处在于法律主体地位上与大学之间的关系。“衍生”的概念意味着从一个母体组织剥离出来，但是与母体之间存在天然的联系；创业企业（可以是创业人员，也可以是核心技术）与母体组织相关，但是企业成立后与母体组织之间是完全独立的两个法律主体。

二、大学知识产权概念的界定

影响大学知识迁移到产业中去的因素有多种，其中专用性制度、大学知识的性质和外部企业识别大学知识的能力被认为非常重要。专用性制度的核心是对大学知识产权的运用。大学里所产生的知识产权是一个宽泛的领域，包括教师或学生发表论文和出版著作所形成的著作权、科研成果中形成的专利技术和技术秘密、集成电路布图、植物新品种、计算机软件形成的版权以及“校名、校誉”中所包含的商标权等。

知识产权的技术转移是典型的正式技术转移。本书所讨论的知识产权制度的变迁在某种意义上是一种宽泛的知识产权范围。在技术转移领域，也主要关注的是专利这种形式的知识产权，对于其他类型的知识产权，因其商业运作的方式不同，研究的路径也会大不相同。因此在谈及知识产权归属模式的变迁时，是以《专利法》为基准，特指专利权这种形式的知识产权归属模式的变迁，并不包括著作权、版权、商标等其他类型的知识产权制度。

第二节 理论视角

在分析我国大学知识产权对于技术转移的影响、知识产权制度的演化以及权利归属的变迁这些问题时，需要综合运用制度理论和产权理论的分析框架。需要特别说明的是，制度理论发展到今天已经演化出许多不同的学派，而本书主要是基于演化制度理论的思想进行讨论。而目前政策制定者广泛关注的是知识产权归属的变迁对技术转移的促进作用，因此本书也会运用产权理论的思想分析知识产权归属的变迁，以及产权归属对技术转移的影响是如何体现的。本书在制度理论的分析架构内，融入了STS的分析视角，将制度的形成看作是一种临时的、不断演化的过程。在一定阶段形成的制度，在另一个阶段可能会被重新架构和塑造。

一、制度变迁的分析视角

制度理论兴起于19世纪80年代的美国，在批判古典经济学的研究方法上发展起来的。道格拉斯·诺斯最早将制度的分析框架融入经济史的分析中。他认为制度变迁决定了人类历史中社会演化的方式，是理解历史变迁的关键。诺斯及其合作者将制度、制度创新、制度变革用于解释经济增长的模型，并从产权制度、法律制度以及其他组织结构的变革与创新来理解经济增长的原因①。

制度主义者一直致力于建立一套规范的理论体系，用于解释人类社会的经济活动。但是不同的学者在分析制度变迁时有不同的分析框架。在演化制度经济学家尼尔森和温特那里，制度是“日常惯例”②。这些日常惯例构成了制度运行的“硬核”，是维持有机体长续存在的特征，并预示着可能

---

① 诺斯制度变迁的思想主要反映在他的以下著作：《1790年至1860年美国的经济增长》（North，1961）；《美国过去的增长与福利，一种新经济史》（North，1966）；《制度变迁与美国的经济增长》（North等，1971）；《理解经济变迁的过程》（North，2005），以及其他发表在学术期刊上的论文。

② 尼尔森和温特所说的“日常惯例”用于说明企业内生的制度，具有知识的属性。

性的行为。同时，日常惯例带有遗传的特性，或者说是分裂的特性。在斯科特那里，制度变迁的发生，是制度构成的三个基本支柱（规范支柱、管制支柱和文化支柱）的演变。值得注意的是，这三个支柱的存在和演变并不是并列的，而是互相重叠的。兰斯·戴维斯和道格拉斯·诺斯认为制度的变迁至少应该包括五个步骤：①形成制度变迁的第一行动集团，第一集团将在制度变迁中起主要作用；②第一行动集团提出制度变迁的行动方案；③根据制度变迁原则对方案进行评估和选择；④形成推动制度变迁的第二行动集团，即起次要作用的集团；⑤最终在两个集团共同促使下实现制度变迁。中国大学的技术转移实践活动嵌套在中国经济体制的转型过程中，结合斯科特、戴维斯和诺斯的制度变迁理论，将制度变迁理论思想主要运用在书中的以下几个方面：①中国经济体制的制度转型重新塑造了国内经济交易活动，并影响到大学技术转移活动的相关利益行动者的契约关系；②在制度变迁的视角下反思 Bayh – Dole 法案选择“大学所有权归属”这种产权模式的原因。

申请专利或从事技术转移原本并不是大学日常活动的内容，在美国、中国均是如此。判断大学技术转移是否成为大学制度化活动中的组成部分，有一些具体依据：比如大学内部有专门的负责技术转移的组织机构①，组织机构表征着技术转移活动是有组织的行为，而不是一些零散的针对大学技术转移的管理制度，组织的形成对于制度化进程具有重要的意义，组织代表一种正式的结构，它的出现是一种符号体系，具有象征性的意义；有从事技术转移的专职人员②；更重要的是国家层面有关于大学技术转移的法律法规，法律法规意味着国家层面具有权威性的认可，赋予了大学技术转移活动作为大学内容的合理合法性。

20 世纪 70 年代之前，美国大部分大学都没有制定专利政策，大学申请的专利数量也很有限；在中国，大学专利数量的快速增长是在 2000 年之后

---

① 最典型的是成立技术转移办公室：美国一般称为技术转移办公室（TTO 或者 TLO），我国一般由科技处或科研院里的分管技术转移的办公室负责。前后两者存在较大的差异，可以从组织机构层面对比研究。

② 技术转移的行动者包括专职的人员，比如大学科研管理机构或者大学的院系中有专门从事技术转移活动的人员；也有大学的教师、学生在进行技术转让、成立衍生企业或者创立企业的时候，成为技术转移的活动者的。因而，他们的身份可能是多元或者是重叠的，但是他们是稳定的参与技术转移活动的行动者。

了。1980年，美国Bayh－Dole法案出台之后，大学申请专利数量出现了明显的增长。但是分析美国大学专利活动的制度化过程会发现，Bayh－Dole法案是美国大学专利活动增加和技术转移制度化进程的“结果”，而不是“原因”。早在20世纪70年代的大学里，教授或研究人员提出专利申请就已经比较普遍，主要是由于新兴技术等前沿科学的兴起，大学专利的增长点也主要集中在这些领域（比如生物制药和电子类）。Bayh－Dole法案的通过，只是从法律层面肯定了大学申请专利和进行专利授权等技术转移活动的合理合法性，标志着大学专利活动制度化的形成。美国Bayh－Dole法案的“大学所有权”归属模式对许多国家的知识产权制度或技术转移政策产生了重要的影响。在制度经济学中，产权关系到一个行动者使用和控制有价值资源的权利，这些权利被社会的其他成员承认和实施。制度变革被视为外生的，通过影响行动者创造新财富或者浪费资源的激励，产权的结构决定性地影响着经济后果。Bayh－Dole法案的制度化过程是怎样的，产权归属变迁发生的法理依据是什么，这些问题从制度主义和产权理论的角度理解了Bayh－Dole法案的历史成因，有助于理解我国大学知识产权归属制度的演化，以及回答我们需要怎样的产权归属模式才能提高大学技术转移的效率。

大学知识产权归属模式的变革是专有制度的变革，受到其所在的制度运行的“场域”（Filed）的影响。“场域”是一个动态的系统，是新进入者和已有的相互竞争以及抱持不同目的的行动者之间带有变化的互动。产权所存在的制度“场域”是演化的，而不是静止的。建立规范/法律支柱体系是制度活动“场域”形成的重要标志。制度变迁是内生和外生变迁共同作用的结果。内生变迁是追求效用的个体，在现有通行制度安排中找不到与环境相适应的安排，他们会引起这些通行制度逐步的、演变性的变化，从而影响到社会选择集合发生变化，最终改变原来制度的游戏规则。外生变迁的变量比较复杂，主要是意识形态、利益集团的偏好如何影响公众。

中国大学技术转移活动“场域”，从宏观上看经历了国家经济体制从计划经济向市场经济的转型。计划经济时期，公有制为主体，所有权结构相对单一，财产公有制和无差异性特征使得产权的界定主要是公共财产和私人财产之间的区分。这段时期，知识产权制度也没有建立起来，大学的技术转移是将大学的研究成果运用在具体的生产领域，满足国民经济发展的需要。改革开放之后，经济体制从计划经济向市场经济转型。国家科技体制的改革，使技术成为有偿转让的对象。大学还从技术转移的过程中收获了经济报酬。与此同时，知识产权制度得以建立。大学技术转移过程中牵扯到对知识产权的处置问题，产权的界定开始凸显出来。

二、产权理论的分析视角

在社会学领域，有一个有意趣的概念描述了制度形成的过程——“积淀”，即当下的实践会建立在过去的基础上，同样，当下的组织实践也许重叠着早期留下的价值和理解。如果组织或制度能够被看见，那么它们看起来就应该像海床集聚和固化的层层叠叠的礁石的积淀。积淀的思想反映了制度的历史和积累的性质，这也很像是创新管理学里所说的“路径依赖”的概念，而在历史制度主义者看来，最初的政策选择和随后衍生出来的制度安排会决定以后的决策。

制度变迁其实是大学技术转移活动“场域”的变更，其中也包括知识产权制度的变更，应重新建立以促进大学知识产权效率为目的的行为规范，形成新的习惯和知识产权的行为逻辑。与知识产权制度的强制性支柱、规范性支柱和对知识产权与技术转移建立联系以后的新的认知支柱。知识产权制度规范支柱是指建构知识产权的制度，被视为合乎道德合理性的行为规范，而保护知识产权被制度中的行动者感觉是一种社会责任。知识产权制度认知支柱是一种文化信仰，支持保护知识产权。产权结构描述了社会中权利的分配，而社会制度结构的经济意义被显示在产权体系中，涉及由个体和集团有效控制包括人力资本在内的有价值资产的分配。对中国而言，产权和知识产权都是改革开放以后从西方移植过来的概念。知识和技术成为有偿转让的对象，受到知识产权的保护，但是就大学技术转移而言，中国走了与美国和其他欧洲国家非常不一样的道路，因此建构起来的知识产权结构也带有中国特色。

大学知识产权归属模式的变迁，是基于大学技术转移活动的制度“场域”的变革。美国 Bayh – Dole 法案出台后，许多国家的政策制定者都相信通过改变其原有的知识产权制度，尤其是制定类似于美国的“大学所有权归属”模式的知识产权制度，就能够实现提高大学技术转移效率的政策目标。目前世界上主要存在三种大学知识产权归属模式：国家所有权模式、大学所有权模式和发明人所有权模式。不同的产权归属模式代表不同的产权结构，并且反映了不同的契约关系。主张国家所有权模式的基本出发点是“谁资助、谁所有”原则，学校获得政府的资助从事科学研究活动，学校只是政府的代理人，而公众是最终的委托人，政府的投入来源是作为纳税人的公众。因而，国家所有权模式实际上是政府代表公众管理其资助的科研成果；而 Bayh - Dole 法案的“大学所有权模式”是基于这样的认识——国家所有权模式并不利于这些科研成果的商业开发，如果不进行商业开发，公众的利益并不能真正得到实现。而当大学成为知识产权的所有权人时，才能够激发大学对这些科研成果进行市场开发的动力。只有当大学不但是知识产权的所有权人，还享有排他性的许可权时，才能保证产权的完整性，也才能引起企业对大学知识产权进行商业开发的兴趣；而发明人所有权的观点是从产权本质特性出发，只有当产权越接近于其实际发明人时，他们才最关注于这些成果的未来发展情况，并且最了解这些成果被开发的途径。但是，如果不是单纯考虑促进大学技术转移效率，而是出于“公共财产私有化”的考虑，大多数人不能接受发明人所有权的归属制度。

知识产权归属的变迁也带有一般产权的特征，我们需要对一般产权有所了解。“二战”后，经济学家展开了对传统的生产和交换理论的批评，通过分析产权结构促进对经济行为的理解。产权理论强调所有权、激励与经济行为的内在联系。从以“组织”为研究中心，转而研究组织内部“单个决策者”的作用。产权制度成本主要包括产权变革过程中的界定、设计、组织等成本和产权制度运行过程中的组织、维护、实施等费用。产权制度收益是指制度通过降低交易成本，减少外部性和不确定性等因素给经济人提供激励与约束的程度。产权的所有权包括四个方面：①使用资产的权利（使用权）；②获得资产收益的权利（用益权）；③改变资产形态和实质的权利（处分权）；④在所有权人和权利交易对象双方同意的情况下，对上述使用权、用益权和处分权的部分或全部转让给他人的权利（转让权）。产权的所有权本质上是一种排他性的权利，但是不表明它就是一种不受限制的权利。如果定义产权的法律发生了变化，所有权的内涵也会相应地发生变化。由国家限制性措施所导致的私有（国有）产权的削弱，能影响所有者对他所投入的资产使用的预期，也会影响资产对所有者及其他人的价值，以及作为其结果的交易形式。所有权的削弱（稀释）是很重要的概念。

产权不是单指人与人之间，或人与物之间的关系，而是人与人之间所认可的指向对某物的所有权和处置的权利。产权的中心任务是要表明如何以特定和可以预期的方式来影响资源的配置和使用，产权与经济选择之间存在系统的关系。经济学对产权的定义很多，但其中一个核心的概念是，产权在本质上是一种“选择权”。产权的界定决定了行为人的选择权大小。产权与自由、约束同义，当产权确定时，一个人的自由与约束也就相应地确定了。一个人的选择范围越广，则意味着自由越大、约束越小。如果选择权弱化或删除，就意味着收入的减少或降为零，也将会使资源配置发生变化。产权结构的调整可以影响决策者的行为选择权，从而影响个人和社会的收益。从不同的产权安排中可以分析制度安排与经济行为之间的关系，每种产权安排不一定能够保证利润的最大化。不同的产权安排隐含着对当前决策所带来的利益和损失的不同分配方式。在一个私有制的资本主义经济中，有产权的所有者（或者其所雇佣的代表）承受着当前决策所有的未来后果。

产权分析可以帮助我们理解所有权的本质。产权的模糊总是与外部效应及不确定性相联系：①如果产权的归属不清晰，则意味着没有人对该项财产具有排他性的所有权，从而必然使“搭便车”的行为盛行，即行为人力图避免付费来享受外部正效应；②如果产权的归属是清晰的，但是产权的保护是低效或无效的，即法律制度不能充分界定当事人能够做什么或不能够做什么的行为边界。所有权制度能减少不确定性的发生以避免机会主义，由法律确定基本的交易规则。所有权的演进，从历史上看包括两个步骤：先把局外人排除在利用资源的强度之外，而后制定规章，限制局内人利用资源的强度。私有权的发展能够更经济地使用资源，因为其具有排斥其他人的权利，但是同时也带来了私有制的外部性问题。单个的财产所有者要优于多个财产所有者，所有者数量的增加，就是财产共有性的增加，会导致内在成本的增加。

三、STS的分析视角

本书在运用制度变迁理论和产权理论的分析工具时，还融入了科学技术与社会（STS）的分析视角。一方面，将大学技术转移和知识产权的关系置于不同的制度框架下来考量，提出两者的相互作用受国家制度的制约和影响，在特定的制度下会形成适合于当时的技术转移模式和知识产权制度；另一方面，将制度本身看作是一个动态和发展的对象，因此技术转移的活动“场域”发生变化时，知识产权制度也相应地需要做出变更。

所谓科学技术与社会（STS）的研究视野，最早是在社会学内部出现了以科学和技术作为研究对象的科学社会学，它们批判以往的那种“科学—社会”的二元对立关系，开始重新反思科学技术与社会的关系①。科学社会学也曾经被称为科学技术的社会研究（Science and Technology Studies）或者科学技术与社会（Science，Technology and Society）。当代 STS 研究中的核心观点认为科学、技术与社会之间是一种“双向互动”的关系。或者说，科技的发展带有社会“建构”的因子。因而，对科学技术本身的理解，需要从历史、哲学、社会学等跨学科的视角进行多方位的观察。关于 STS 的研究进路可以参考曾国屏教授《STS 指南》第三版中收集的论文和主题。

STS 研究视角的“双向互动”和“社会建构”的思想，远远超越了仅仅反思科学技术与社会的关系本身，经常被运用在其他领域，而且常常会有意想不到的发现。比如，美国 Bayh – Dole 法案的通过引起了对联邦政府专利权归属模式的变迁，早期的研究集中在经济学或管理学领域，倾向于对政策变迁效率的分析②。通过评价 Bayh – Dole 法案，大学专利申请和授权数量的分析或成立大学衍生企业数量的分析，来验证知识产权归属的改变是否有效。其分析思路的假设是，Bayh – Dole 法案是影响大学专利活动和技术转移活动的“原因”。然而，从 STS 的视角来看，Bayh – Dole 法案所带来的大学知识产权归属模式的变化，是大学专利活动制度化形成的最后一步，是大学专利活动快速增长的“结果”，而不是“原因”。在这一点上，STS 与制度主义者拥有相同的看法。

大学知识产权归属模式的演变属于专有制度的变迁，历史制度主义者会回归到制度形成的历史情景中，分析引起变迁发生的因素。比较 STS 与制度理论的分析逻辑可以发现，两者具有不同的分析结构：①虽然 STS 和制度理论都将制度的形成看成是一种“演化”的过程。相比之下，STS 的分析视

① 社会学内部出现以科学为社会学研究对象的标志性论文，最早是 1939 年贝尔纳的《科学的社会功能》、1938 年默顿的博士论文《十七世纪英国的科学技术与社会》，到 20 世纪 70 年代，在欧洲以爱丁堡为中心出现了巴黎学派的科学知识社会学。

② 研究的问题聚焦在：Bayh – Dole 法案是不是美国大学专利活动增长的主要原因；是否有效地促进了大学科研成果的商业化开发；是否影响了大学基础研究的氛围；是否影响大学教授选择更容易申请专利、实现产业化的研究课题，并且通过统计专利、衍生企业、创业企业等数量作为定量评价的指标。后来也有学者指出，即使在美国大学内部确实发生了上述情况，也很难将原因简单地归结于 Bayh – Dole 法案所带来的影响（Mowery 等，2001）。

角更为灵活，它承认社会因素对于制度形成的重要作用，但是并不试图构建一套固定的理论解释术语[①]。②制度建构主义更关心大学专利活动制度化形成的稳定性原因是什么，而STS视域下的“稳定性”具有临时性的特征，其背后隐含着流变。③制度理论有一套惯用的分析语言和框架，比如会关心制度中“机制”（Mechanisms）的分析。机制的内容涵盖社会技艺（Social Skill）、原机构（Pro－institution）、同盟的形成和扩大（Building Alliances and Get Resources）、集体行动者（Collective Actor）、制度框架（Institutional Framework）的建立等。这些都可以被STS领域中的行动者网络理论（Actor Network Theory，ANT）称为“行动者”。这里的行动者包括“人”和“非人”的技术或者是机制。通过行动者募集资源和扩大社会行动网络的边界，促进集体行动的逻辑，形成制度化的特征。

STS的研究视角，对理解Bayh－Dole法案也提供了新的思路，将Bayh－Dole法案看作社会建构的过程。也就是说，美国联邦政府资助下的科研成果的知识产权归属模式改变的过程中，牵扯到许多不同利益主体的辩论、磋商、妥协。对于模仿Bayh－Dole法案的国家而言，它们将Bayh－Dole法案的政策作用“黑箱化”。认为按照美国的做法，改变知识产权的归属方式就能够促进大学参与专利活动，并有效地刺激政府资助下的科研成果的商业开发。“黑箱”的概念最早被科学社会学家用来说明那些被当作其他理论的基础加以使用的科学理论。经过“参与—观察”，我们得知任何事物，即使那些被广泛认可、当作真理对待的理论，都是可以被怀疑的。STS通过“参与—观察”的办法打开“黑箱”——Bayh－Dole法案在美国国会提出时，不同的行动者代表不同的利益相关者，他们站在自己的立场对专利制度的变迁持有不同的意见。主张专有权变更的一方通过募集资源、扩大网络、获得更多的行动者加入他们的集团，从而最终促成了专利制度的变革。拉图尔在《科学在行动》中提到，打开“黑箱”就是要回到科学形成的早期，观察科学形成的过程就要“跟随行动者”（Following the Actor）。要让网络内部和外部的人都相信新的社会制度安排是合理的，需要网络具有强大的理性，并足以颠覆原来的制度。那么不同的利益“行动者”是如何将分散的资源网聚在一起，他们之间又是如何稳固的，并到最后发生作

① STS的研究学者来自不同的学科和致力于解决不同的问题，因而STS更多的是一种看问题的视角，而不像制度主义者那样建立起一套固定的理论话语体系。

用的？这样的思维逻辑，让本书在以清华大学为对象，考察大学技术转移的路径选择时，从不同的行动者视角出发，设计访谈，即要考虑观察者的置换和方向，以及由此被建立起来的网络长度。考察知识产权归属权制度转变，需要结合制度主义的分析框架，跟随影响制度变迁的关键行动者，看他们的利益是如何通过磋商、协调、妥协形成的。

第三节　本书结构

由于不同国家和地区所在的制度环境不同，其大学科研成果向企业的技术转移的方式表现出许多的差异性。正因如此，Bayh－Dole 法案的研究者对模仿国也提出了一些建议，完全照搬 Bayh－Dole 法案的模式可能不会给这些国家带来同样的效果。即使在同一个国家和地区内，知识产权与技术转移也不是一开始就建立了紧密的联系。对于中国这样一个经历了从计划经济时期到市场经济时期转轨的国家，在单一的产权结构时期，参与技术转移的主体和方式都相对单一。大学技术转移的目的也有可能是为了完成一项科研任务。在利益主体较为简单的情况下，产权的界定问题就不是核心的问题。而经历了经济体制的转轨期间和转轨完成后，技术转移所处的制度环境发生了翻天覆地的变化。随着技术交易市场日趋成熟或者程式化，利益行动者逐渐增加，对技术转移的活动中产权的界定提出新的诉求。出于上述考虑，本书的写作思路按照制度变迁的时间线索进行了历史分期，研究不同制度环境下知识产权与技术转移的关系，分析在中国这样一个转型经济的国度里其是如何构建起来的。

本书共分为七个章节。其中，第三、第四、第五章是依据我国经济体制的变迁进行了阶段性的划分，构成了本书研究的核心框架。第三章是从 20 世纪 50 年代到 70 年代末，处于社会主义计划经济体制时期；第四章是从 20 世纪 70 年代末到 90 年代末，处于社会主义市场建设时期；第五章是从 20 世纪 90 年代末期至今，进入深化市场经济改革发展时期。历史分期的考虑是出于，在不同的经济体制下，大学技术转移的方式和特征具有较大的差别。按照制度变迁的路径依赖的特性，前一阶段技术转移的实践会影响到下一阶段。而在制度变迁的过程中，知识产权制度对技术转移的重要性是逐渐显现出来的。

虽然本书主要研究的是知识产权制度的演进和大学技术转移之间的关系，但却没有将知识产权制度演进的标志性事件作为本书历史阶段划分的依据。我国有学者认为，中国知识产权制度的发展可以分为三个时期：1980~1993年的形成时期，1993~1999年的体系建立时期，1999年至今的发展与完善时期。1985年《专利法》的出台，标志着我国知识产权制度的建立。随后陆陆续续出台了其他领域的知识产权法律，一直持续到20世纪90年代初期；2000年《专利法》的第二次修改，被学界认为以“产权变革”为主要内容，其他的法律也进行了一些修改；2008年知识产权被提升到国家战略层面，制定了《国家知识产权战略纲要》等。但是本书并没有按照知识产权领域中的标志性事件作为文章历史分期的划分依据，而是按照国家制度变迁的时间线索作为划分标准，分析制度如何影响技术转移，又是如何作用于知识产权制度，以及知识产权模式在技术转移的实践中演化的情况。将知识产权制度的演进放在中国体制转型的历史背景之下来考察，这种划分的优势在于，能够让我们更好地理解知识产权制度是如何在制度转型的过程中演进的，而对于经济体制转型时间的界限是根据时间段来区分的。因为，经济体制的转型受到许多因素的影响，并不是某次重大会议的决定，或某个政策出台就能一蹴而就的。按照制度理论中制度变迁的五个步骤，政策或者会议应该代表制度转型已经发生。而在此之前，新的行动集团和利益群体已经形成，正是在它们的推动下，才促使代表制度变迁发生的标志性会议的召开或政策的出台，因此，在时间节点上做模糊的处理是合适的。

第三章　计划经济体制：非产权激励下的大学技术转移

大多数社会发展的路径都会被其过去所影响，新制度的建立者也不是从真空中起步，制度的形成和发展带有路径依赖的特点和一定的历史规律。因此，对制度形成过程的历史背景具有一定的了解是非常有必要的。在今天看来，大学技术转移活动已经制度化为大学日常活动的一部分。但是，自20世纪50年代初期到70年代末期，世界上大部分国家的大学都没有制定有关专利的管理制度。因为大学并不是专利活动的主要参与者，而且当时普遍的观点认为大学的研究成果是公共产品，不应该予以“私权”这种保护形式。在这段历史时期，我国正处于计划经济体制下，实行“公有制”这种单一的产权结构。国家通过“发明奖励条例”鼓励单位、个人的创新活动，并规定个人在单位完成的发明属于国家所有，其他单位可以无偿使用，而所谓的可以“无偿使用”的对象通常是由政府指定的。

在这样的环境下，我国大学技术转移的发生途径主要是技术对接、三联体建设、技术服务和校办工厂等。事实上，这段时期大学的知识和技术流向应用领域与该时期大学在国家科研活动中所扮演的角色密不可分。国家要求大学的职能从“教学”扩展到“教学和科研”上来，大学承担科研任务是以解决国家科学技术发展和经济建设过程中的技术难题为主要目的的，很多科研项目是由国家指令性下达的任务。一方面，大学在承担科研活动的过程中就明确了研究成果的应用领域和方向；另一方面，国家也将大学研究成果的应用作为考核和评估课题组和大学整体实力的标准，作为大学赢得科研经费的重要依据。因此，计划经济体制时期，大学技术转移并不是表现在产权方面的激励行为，而是一种非产权激励的活动，带有较浓厚的计划经济体制的制度特点。

第一节　计划经济体制下的大学科研活动及激励方式

一、大学在国家科研体制中的角色

1949 年新中国成立初期，我国宏观政策环境发生了一些重要的变化，而这些变化也深刻地影响了我国的科研体制结构。高等教育的发展主要肩负着两大任务：思想改造和人才培养。各行各业的发展对专业人才的需要都很迫切。培养人才的任务就落在了高等学校的肩上，高等教育要“适应国家建设的需要，进行教学工作，培养通晓基本理论并能实际运用的专门人才”。[①] 20 世纪五六十年代，“教育、科研与生产”相结合成为高等教育发展的指导方针。教学计划、科研任务、学生培养等方面都体现了“三结合”的教育方针。这个时期的技术转移，主要是承接由政府部门下达的科研任务，实际上用“技术对接”来描述更为恰当，以教研组为单位，与工厂建立合作的关系：高校的科研目标正是直接解决工厂在生产过程中遇到的技术难题，通过技术改造、攻关、指导等方式实现彼此的技术转移。“文革”期间，虽然高等学校的教育和科研基本处于停滞状态，但是在学校管理机构和教育革命组内也有少量的科研工作。

20 世纪 50 年代，受以“阶级斗争为纲”的“左”的思想的影响，国内政治运动频繁，最初国家的工作重心还没有转到经济建设上来，教育事业也没有受到重视。之后，国家在高等教育和知识分子问题上做出了许多新的改革。

（1）全国院系调整。1951 ~ 1953 年，我国参照“苏联模式”进行全国性的院系调整，这也是我国高等教育体系在历史上开展的第一次全国性的院系调整。这次院系调整的重点是对全国工科院系进行调整，将一批重点高等院校逐步办成“既是教学中心，也是科学思想中心”。按照毛主席的指

① 1950 年 8 月 14 日，中央教育部颁布了《高等学校暂行规定》。

示，高等学校在有条件时，利用试验设备为社会服务。强调科学研究是提高教学质量和教师水平的根本，要将科学研究同国家建设和发展密切结合起来。1953 年 1 月 22 日，《人民日报》发表社论《高等学校的教学改革应该稳步前进》，指出高等学校的任务是培养符合我国建设事业需要的“合乎标准的高级科学技术人才”，并要求各学校的改革要学习苏联经验。

（2）知识分子问题。1956 年 1 月 14 日，中共中央召开了建党以来第一次全国知识分子问题会议，会议的中心议题是周恩来代表中央做的《关于知识分子问题的报告》，为知识分子政策定下基调，系统地论述了知识分子与目前加速社会主义建设的重要关系：“在社会主义时代，比以前任何时代都更加需要充分地提高生产技术，更加需要充分地发展科学和利用科学知识。”首次提出我国知识分子的绝大部分已经是工人阶级的组成“部分”和科学技术在我国现代化建设中具有关键作用的观点①，对我国社会主义建设具有重要的指导意义。知识分子的热情再次被激发出来，掀起了“向科学技术进军”的热潮，为了实现这个宏伟目标，必须尽快制定《1956 年至 1967 年科学技术发展远景规划纲要》，包括一些“走出去、请进来”的具体做法，如派遣优秀科学工作者和大学毕业生到苏联等国家实习、读书；一部分学科聘请苏联和其他国家专家，帮助我国科学院和科研机构建设，培养科技人才；发挥科学院的科研领先作用，提高高校教师的科研水平等。随后，“双百方针”② 的提出，使中国的科教文卫事业呈现出一片繁荣的景象。1956 年 5 月，教育部颁布了《中华人民共和国高等学校章程草案》，逐渐恢复学校章程建设，依据教育政策，推动新中国教育事业的规范化发展。

（3）科研工作体系的调整。1956 年，中央政府制定了第一个中长期科技规划——“十二年科技规划”，提出了我国科研发展的重点领域、任务、方向以及科技管理机构的设置规划、科研人员的主要工作职责。这次规划不仅对我国科技发展有重要而深远的影响，而且对我国科技管理体制的探索、科技体制的形成也具有重大意义，因此，国务院还专门成立了科学规划委员会。在“十二年科技规划”中，对科技管理体制的职能定位，明确提出要符合“生产、研究与教育”三结合的总体要求。1958 年，中共中央

---

① 王宣：《远见卓识——周恩来关于知识分子问题的报告》，《党史纵横》2001 年第 6 期。

② 1956 年 4 月 28 日，毛泽东在中共中央政治局扩大会议上的总结讲话中，明确提出了“百花齐放，百家争鸣”的方针：“在艺术问题上的百花齐放，学术问题上的百家争鸣，我看应该成为我们的方针。”

正式制定了“教育为无产阶级政治服务”和“教育与生产劳动相结合”的教育方针。这个时期，我国科学研究体系的主体是中国科学院、产业部门的研究机构、高等学校和地方研究机构，它们在科研工作职能定位上有一定的差异性，“中国科学院是学术领导的核心，产业部门的研究机构和高等学校是主要力量，地方研究机构是不可缺少的助手”。其中，高等学校的科研工作适宜于负担工作量小、完成期限较宽的工作，并应多采取和产业部门合作的研究方式，接受产业部门和科学院委托的研究任务。科学技术干部大多数应该直接参加生产，科学研究是为了保证生产技术的提高，80%的研究人员要在产业部门的研究机构内工作，解决生产中的科学问题①。

“文化大革命”期间，全国高等学校的教学与科研活动基本停滞。但是需要提及的是，1970 年开始招收工农兵学员后，也开展了少量的科学研究工作，比如，清华大学的试验化工厂在周恩来总理的支持下，承担了建造增值堆核电站的研究任务；清华大学精仪系等研制了激光定位分布重复照相机，等等。

二、计划经济体制下的激励模式：发明奖励制度

在这一时期，国家通过发明奖励制度鼓励全国单位和个人的发明与创新活动，以此来促进我国的科学技术发展和国民经济建设。由于我国处于单一的公有制体制下，公有制的成员对财产拥有完全平等、无差异的权利。1963 年 10 月 23 日，国务院通过了《发明奖励条例》② 和《技术改进奖励条例》，这两个条例也是以鼓励发明和推广应用发明为宗旨的。在《发明奖励条例》中，规定“发明属于国家所有，任何个人或单位都不得垄断，全国单位（包括集体所有制单位）都可以利用它所必需的发明”③。《技术改进奖励条例》主要针对的是群众提出的技术改进的建议所进行的奖励。两个条例都本着发明是一种公共财产的基本观点，由国家作为公共财产的产权代理人。而将个人或单位拥有发明看作是一种财产垄断的行为，符合我国当时公有制财产所有制结构的要求，与“资本主义市场经济体制下的专

① 《1956～1967 年科学技术发展愿景纲要》。

② 《发明奖励条例》出台的同时，1950 年出台的《保障发明权与专利权暂行条例》被废除。

③ 《发明奖励条例》第二十三条内容。

利制度”的私有产权性质有着根本的区别[①]。这也意味着，大学里完成的发明都属于国家，如要申报评奖的，除了国防类的发明，需要按照大学的级别（教育部直属或是地方大学），报所属主管部门和所属级别的科委审批。而对大学发明，任何人都可以根据需要使用。发明也没有保护的期限限制，对发明的奖励采取荣誉奖励和一次性物质奖励相结合的办法。《发明奖励条例》于 1978 年、1984 年和 1993 年分别经历了三次修改[②]。

在立法级别上，《发明奖励条例》属于行政法规，由国家科学技术委员会[③]负责统一管理全国的发明奖励工作。发明奖励制度带有浓厚的计划经济特色：发明的所有权人是国家，发明的奖励主体是国家，发明的实施权也是国家。国防发明由国防部核准；非国防专用发明由国家科学技术委员会核准，国家科学技术委员会内还成立了发明局。《发明奖励条例》于 1978 年 12 月进行了修订，其中关于发明成果所有权的规定仍然没有变化，但对具体执行发明的单位和个人进行精神奖励和物质奖励。在奖励方面要区分集体发明和个人发明：集体发明（第八条）所得的奖金按照发明人贡献大小合理分配。个人发明所得奖金发给个人（于 1984 年和 1993 年分别进行了新的修订）。

第二节　非产权激励下的大学技术转移

一、教育、科研、生产三联体建设

在国家进行全国高等教育改革的进程下，清华大学内部也经历了三次重要的变革：1952 年实施教学改革；1955 年创办一批新专业以符合国家第一个五年计划的经济建设需求；1958 年进行教育革命。

---

① 1963 年 12 月 2 日，人民日报社论《奖励发明和技术改进，促进我国生产建设的发展》。

② 关于发明奖励制度的历史发展可以参见姚昆仑的博士论文，本书不做详细描述。

③ 1956 年，中国政府提出“向科学进军”的口号，科学技术事业进入有计划的发展时期，因而成立了科学规划委员会和国家技术委员会。1958 年，两个委员会合并成立了科学技术委员会。2003 年，科学技术委员会改称科技部。

1953 年全国院校调整结束后，清华大学确立了多科性工业大学的发展定位，成为我国高等工程教育的重要基地。高等工程教育与工业建设密不可分：教学方面要重视工程理论教学，学术的培养要与实际相结合，在参与生产实习和毕业设计中培养解决实际问题的能力和创新能力，包括技术开发的能力。在 1953 年召开的清华校务会议中，学校的主要领导人强调“清华大学不仅仅是一个教学中心，更要成为科学思想中心”，“科学研究是提高教学质量和教师水平的根本”。

1958 年，正当全国掀起技术革新和技术革命的高潮时，清华大学召开了教学科研会和科学报告会，学校提出建设“教学、科研和生产”相结合的三联基地的决定，目的是将教育与生产劳动结合起来，为祖国的工业建设服务。一方面要通过科学研究提高教学质量；另一方面要通过参与生产实践，结合工矿企业的技术问题进行科学研究，同时加强科学研究和研究生的培养。具体的措施包括：①学制的改革，学校实行“长学制”，一般是五年制或六年制。②增加了实践教学的时数，试行半工半读的教育制度。蒋南翔校长提出清华的学生不仅要有广博的专业理论基础，还要有解决工程技术问题的实际能力。本科生的毕业设计要“结合实际”，同时加强研究生培养工作。③科学研究的方向要与校内勤工俭学、校内外的社会生产实践活动、为工矿企业解决实际的技术难题结合起来。由各系科研干部组织了两个代表团，分别由实验室副科长俞受稷和蒋景华带队去上海和哈尔滨考察工业企业，共走访了 20 多家单位。

1956 年制定的“十二年科学规划”中的国际合作部分，提出要主动向苏联和人民民主国家学习。因此，清华大学的教学改革学习吸收了苏联、民主德国、捷克、波兰等国家的经验①。1956 年 4 月 22 日至 28 日，清华大学召开了第一次全校科学讨论会。主要讨论如何学习和借鉴苏联高校的科学研究工作的经验，要将苏联的科学技术介绍到中国来，邀请了全校的苏联专家参与并指导了第一次科学讨论会。萨洛夫做了《苏联高等学校的科学研究工作》的报告。科学讨论会中提出要将提高教学质量和提高教师水平与科学研究工作相结合的方针，以及加强与企业部门和其他高校的合作。

清华大学发挥学科优势和特长，不断提高科研水平，创造出了一批与

---

① 清华大学副校长刘仙洲在 1959 年教学、科学研究、生产工作的总结——第十三次教学研究会议及第四次科学讨论会联合大会上的报告。

国家建设紧密相关的重大科研成果。比如由水利系承担的“密云水库”建设，其中许多学生的毕业设计就是在工地上完成的。还有许多类似的项目，都体现了教育、科研和生产相结合的教育指导方针，“试验电厂”① 的建设正是这个时期高校与社会服务的结果。1958 年 7 月，教育部举办了全国重点高校与生产成果展览会。1965 年，高教部也举办了直属高校科研和生产成果展览会，清华大学展出了原子反应堆、密云水库工程设计、电子感应加速器等 70 多项研究成果。邓小平同志在参观高校科研成果展览时听取了清华大学的成果介绍。

二、科研活动的组织机构设置及其变化

在罗伯特·默顿看来，制度变迁之所以会发生，是由于在既定的组织结构中的结构安排出现了功能障碍。因而，通过对技术转移科研组织机构演变的分析可以窥见制度变迁的发展过程。

20 世纪 50 年代，清华大学的科学研究工作还处于起步和准备阶段，学校的科研规模较小，但是增长速度较快。科学研究项目与参与科研活动的教师人数都出现了快速增长。1954 年，学校承担的科学研究项目共有 39 项，参加的教师有 151 人；1955 年，学校的科学研究项目数量增加到 106 个，同时参与科研的教师增加到 254 人，学校有 32 个部门与产业部门建立了合作研究，签订了 39 项科研合同②；1956 年，学校的科研项目总数增加到 124 项，参加的教师人数也增至 300 人；1957 年，科研项目数再次大幅提升，共有 215 项，参加的教师人数为 414 人（见表 3－1），较 1956 年，科研项目和参加人数的增长率分别为 73.4% 和 38%。1954～1965 年这 12 年间，清华大学承担的科学研究课题总计 2517 项，其中有 18 项科技成果被认为具有较大影响力。除了总体科研数量的提升之外，学校承担的由国家资助的大型科研项目数也有了明显变化。1962 年以前学校承担的科研项目以合作项目和自选项目为主，几乎很少承担国家科研项目。1962 年，学校承担了 154 项科研项目，其中国家项目 17 项、合作项目 66 项、自选项目 77 项。1963～1965 年，在学校立项的 396 项科研项目中，国家项目占 76%、

① 当时被称为“土电厂”。

② 1954 年 4 月 22 日，蒋南翔校长在清华大学第一次科学讨论会上的开幕词。

合作项目占28%、自选项目占11%。

表3-1　20世纪50年代清华大学科研项目和教师数

年份	科研项目（项）	参加的教师数（人）
1954	39	151
1955	106	254
1956	124	300
1957	215	414

在科研活动的组织机构建设方面，1954年以前，清华大学没有专门的科研管理机构，随着科研活动的增加，学校需要有专门负责管理科研活动的组织机构。1954年，清华大学成立了科学研究委员会，专门负责领导学校的科研工作。为了加强与各系之间的联系，学校要求各系推定一位系主任或副系主任负责领导科学研究工作。1954年暑假后，清华大学在教务处下设立了科学研究科，负责管理科研工作。有了科学研究工作委员会和科学研究科，学校可以组织各系有计划地进行科学研究工作。1956年8月，学校成立了科学研究处①，由高景德出任第一任处长，他是留苏工学博士和电机专家。科学研究处下设三个科室：研究生科、计划科、实验室，1957年，仪器设备制造厂也转入科学研究处管辖②。清华大学科学研究处成立之时，全国正开展“十二年科学规划”，学校响应国家“向科学进军”的号召，有组织、有计划地推进科学研究事业。

1959年，科学研究处更名为科学生产处，增设生产科、情报资料科，同时将机械厂并入科学生产处。1956～1960年，学校致力于摸索科学研究的学术方向和进行实验室的物质建设，为此专门设立实验科。从这时开始，学校将科学研究的开展与国家发展目标结合起来，将解决经济和社会发展

① 科研院是负责清华大学科研活动的组织、管理和服务的职能部门。瞄准国家需求和科学前沿，有效争取国家、地方科研资源，协助院系组织科研队伍和重点项目，推动科研管理体制和评价激励机制的改革和完善，促进学科交叉和学术交流，维护学校知识产权和学术声誉。清华大学虽然在1956年成立了科学研究处，但是真正承担其学校技术转移职能的机构的出现，实际是1983年科技开发服务部的成立。

② 1957年11月23日，副校长刘仙洲在清华大学第二次科学讨论会上的报告。

中的实际问题作为学校科研工作的重要任务①。

三、技术转移的特点

（一）技术对接

20世纪五六十年代，学校承担科研项目的主要目的是为了响应“为无产阶级政治服务，教育与生产劳动相结合”的国家教育方针。当时，学校没有形成科研成果的评奖制度，学校科研成果获奖的也较少，而上述目标成为推动教师们从事科研活动的主要动力。清华大学的科学研究工作本着对社会主义建设服务的宗旨，坚持教学、科学研究和生产相结合。这个时期的高校技术转移方式直接以服务和解决生产中遇到的难题为主，实际上更多地体现了“以知识转移”为主要特征的“技术对接”。

“技术对接”的方式以科研课题组为单位，作为技术对接的“输出方”，解决企业提出的技术难题。科研课题组的这种组织方式，在清华大学技术转移和科研发展的历史中起着重要作用。科研课题主要面向工厂在生产实践中所遇到的问题，进行技术改造、技术更新、技术攻关，研究的结果可以直接在生产中应用。具体的例子有：①1962年，冶金系焊接教研组与上海汽轮机厂合作，进行6000千瓦燃气轮机转子焊接②。②1964～1965年，由动力机械系的热工学教研组和四川化工厂合作，实施了“氨合成塔技术改造”，目的是提高四川化工厂氨合成塔日产量。前后经过三次技术改造，使氨合成塔的日产量从100吨提高到196吨，经改造后的技术更便于推广应用。③1965年，工程化学系化工原理教研组在其实验基本完成后，与西北一化工厂合作“提高精馏塔效率的研究”。“氨合成塔技术改造”和“提高精馏塔效率的研究”被评为1965年全国化工系统重大科学技术成果。④1958年，机械、电机等系的教研组与北京第一机床厂合作研究数字程序控制机床，期间一直与工厂进行合作，于1965年对机床的加工精度通过鉴定，投入生产阶段。⑤自动控制系从1959年就开始设计制造“中型电子管通用数字电子计算机”，1964年调试完毕投入运行，是我国高校中第一台自制成功的通用电子计算机，次年与厂家联系，投入生产。⑥1963年，无线电

---

① 2006年11月19日，康克军（副校长、科研院院长）在清华科研管理50周年座谈会上的讲话。

② 1965年2月28日，科学研究处处长高景德在第六次科学讨论会议上的发言内容。

电子学系与沈阳教学仪器厂合作研制出“6104 型质谱探漏仪”。质谱仪是高真空技术中不可缺少的设备，而“6104 型质谱探漏仪”的灵敏度更高，仪器反应时间更短，有效提高了探漏结果的可靠性。

除了上述的通过教研组与工厂合作进行的科研成果实现产业化的方式外，还有教研组直接为了解决某个生产、生活的难题展开的研究。将研究成果直接运用到实际生活中去，也是大学科研成果转化的一种方式，比如由水利系张光斗、张任教授带领的教师和学生组成的课题组，承担了“密云水库设计工程”。这项任务由主副坝、电站、泄洪洞等 17 个项目组成，技术比较复杂、工程量大，由有经验的教授在技术上负责和指导，中年教师把好各方面的技术关键，水利系五八班的毕业生参与，后又由五九班的学生接替这项工程任务。1960 年，密云水库建成，成为北京市生活和工业用水的主要来源①。

（二）合作产业化：“三联体”的建设

“三联体”是指高等学校与经济界、科技界建立“教学、科研、社会实践三结合联合体”。“三结合”的具体内容包括：将学生参与生产劳动纳入教学计划；学生的毕业论文（设计）紧密结合生产任务或技术开发，“真刀真枪”地完成毕业设计；生产实习中完成部分实践任务②；建立校内外的“三结合”基地，把部分课程内容和教学环节的教学任务转移到生产现场和科研单位；教学内容的改革上，反映学科的新成就和生产中的先进技术；部分实验、实习、设计等环节要结合生产实际进行；通过多个渠道为生产服务，扩大时间领域，推广科技新成果，实行技术承包、转让先进技术和合作研究等方式。其他高校的实践有：上海市各个高校与生产、科研等部门建立了教学、科研、生产“三结合”联合体 80 余个；北京农业大学等 13 所院校于 1984～1985 年，仅 18 项技术推广产生的经济效益就达 17 亿元；从 1979 年开始，河北农业大学以开发太行山为主要内容，实行“三结合”。从产业化的特征来看，三联体的建设不能说是技术的“转让”，它更是一种合作的模式，技术在科研的过程中可以帮助判断是否适合产业化。

（三）校办工厂

“大跃进”时期，中央提出了“鼓足干劲、力争上游、多快好省地建设

---

① 1978 年 12 月 25 日，副校长张维在第八次科学讨论会上的发言。

② 比如天津大学 1987 年结合生产实际的毕业设计课题有 1056 个，占总课题数的 95.3%。

社会主义”的总路线，社会主义建设成为全国的主要任务。国内高等学校的科研活动也围绕着生产劳动展开，各个学校大办工厂、大搞生产。在“教学、科研、生产”相结合的教育方针下，清华大学也拥有了一批早期的校办工厂。这时的校办工厂规模比较小，更多的职责是负责学生的生产实习和教学辅助任务。按照规定，清华的工科生（本科）按照五年制的学制，至少有三年是需要在工厂实习的，这也是在学习苏联。另外，学校内自行研制的新产品，要求交给校办工厂生产。

学校办工厂的好处，一方面，可以使学校的研究结果更符合实际生产的要求，科研成果完成后能够及时进入工厂试验，并在试验中改进，最终达到工业生产的要求，校办工厂扮演了“中间工厂”的角色，其功能类似于现在的孵化器；另一方面，校办工厂带来的收益，一定程度上弥补了学校科研经费不足的现实情况，让学校的科学研究的物质条件得到改进。高等学校创办的工厂与社会上普通的工厂在定位上还不一样，校办工厂要本着“生产与教学和科学研究相结合”的原则，首先，满足高等学校“教学与科研”的中心任务。其次，三者密切结合才能很好地发挥它们应有的作用并且完成全部任务。例如，清华大学电机系派出科研工作队伍支援邯郸、登封等地区的工业建设，同时在学校实施一般生产，解决校内、校外的迫切需要。同时开展具有国际水平的交流计算平台及电力系统动态模拟的建设工作，为开展水电站和电力系统等研究工作创造了实验研究条件。

四、对后续大学技术转移的影响

关于鼓励大学科研成果进入商业开发领域的问题，许多西方国家争论的焦点是：①大学的技术转移活动是否会淡化大学追求“纯知识”的功能，大学校园过于浓郁的商业化氛围是否会破坏大学“教学和科研”的传统职能；②寻求专利保护的利益驱使是否会让大学教师偏爱应用型的科研课题，从而最终影响人类知识的增长。我国对于高等学校功能的定位，也经历了“一个中心”（教书育人）和“两个中心”（教学和科研）的讨论。20 世纪 50～70 年代，中国的大学走的是“教学、科研和生产”相结合的道路。在这样的发展过程中，技术的转移与科学的研究实际上是结合在一起的。甚至许多新学科培育正是在三者结合发展的过程中形成的。20 世纪 80 年代，邓小平确认了高等学校“两个中心”的发展思路。这个阶段，清华大学早期的技术转移实践是以国家任务（项目）、技术对接、三联体建设、校办工厂等形式为主。学校在解决实际问题的同时，还培育了新的学科，促进了我国高等学校学科体系的完善。可以说，清华大学的技术转移与学科建设的过程是相辅相成的。因而，我国大学并不存在从主要从事“纯科学”的知识探索到服务于经济发展的应用型研究的角色转变的困难。课题组是大学实现技术转移的基本单位，技术转移涉及的主体较为单一。技术的应用或转让，并不是一种有偿的经济交易行为，不需要付费。高校的教师从事科研活动，很少是出于经济利益的驱使，而是带有一种爱国主义的热情，一种知识分子的使命感，解决企业发展过程中遇到的技术难题，提高技术水平，为国家经济建设贡献力量。在这个阶段，知识产权的价值并没有凸显出来，对高校技术的转移也并没有产生直接的影响。但是，随着国家经济体制的转型，改革开放将国家融入世界贸易的活动中去，更多的行动者加入到大学技术转移的网络中，现行单一的产权结构必须被打破。在重塑相关利益行动者关系的过程中，知识产权制度作为调节工具的重要性才凸显出来。

第四章 经济体制转型：知识产权制度的建立与大学技术转移机制的变革

道格拉斯·诺斯（1973）曾指出，有效的产权制度是经济增长的决定性因素。进入20世纪90年代，全球经济的发展以知识和信息的获取作为提高竞争的关键，大学不仅是文化中心、知识的创造中心和培养人才的地方，更成为为经济增长提供知识和信息的主要源泉。大学的研究成果对于新兴技术的出现和发展贡献主要力量，大学既是知识的工厂也是知识经济的中心。新的形势下知识的“公有模式”和“市场模式”的界限正在逐渐模糊，一种融合了合作与竞争、公有与私有的新的科学研究范式逐渐形成。中国与其他国家的经济关联度进一步增强，在国际贸易的交流中，产品的知识附加值增加，在寻求自身经济利益最大化的过程中，必须要选择一些合理的方式来保护自己，因而知识产权制度的完善成为中国融入国际经济交流体系中的必要工具。

中共十一届三中全会以后，我国从计划经济体制向市场经济体制转轨。1993年，全面转向社会主义市场经济体制建设。产权结构出现多元化，知识产权制度也逐步建立起来。为适应市场经济的建设，大学的技术转移实践活动在经历了上一阶段的技术对接、以教研组为基本单位的技术转移方式后，转变为更多元化的技术转移方式。这段时期，校办工厂（University Run Industry）作为一种新型的技术转移组织形式出现在我国，并经历了一段时期的快速发展。随着经济体制转型和政策环境的变化，国家对校办企业进行产权改革，实际上是将大学从直接参与企业经营中脱离出来，形成以资产为纽带的大学和校办企业之间的新型产权关系。技术成为有偿转让的对象，大学可以以知识产权的形式出资入股，成立衍生企业。至此，知识产权与技术转移的关系在我国建立起来。

本章首先介绍了我国知识产权制度建立的情况，尤其讨论了专利制度建立过程中不同的声音；其次以清华大学为例分析了我国高等学校专利活动、技术转移的特点及专利与技术转移的影响。

第一节　经济体制转型与知识产权制度的建立

20 世纪 70 年代末到 90 年代，国际形势的发展有两个重要的特点：经济全球化和科学技术的飞速发展。同时，以专利为主的知识产权及其许可证贸易在国际经济发展中扮演的角色越来越重要，知识产权的竞争成为市场竞争和经济增长的工具。美国和欧洲许多国家的科技政策发展的新趋势，是以提高公共资助下的学术科研成果的知识产权的商业开发能力为焦点。大学和科研机构自然是这些成果的主要来源地。因而，这些国家的政策制定者开始考虑如何提高大学开发知识和技术的效率。具体的做法是通过授权大学享有公共资助下的科研成果的知识产权权利人，让大学拥有开发、处置和获取知识产权转让后收益的权利。实际上，是将知识产权的归属与技术转移的效率结合起来。这种做法从 1980 年美国出台《专利与商标修正案》（Bayh – Dole 法案）开始，逐渐成为其他国家政策学习的模板。

1980 年，美国国会通过了 Bayh – Dole 法案，规定由联邦政府资助下的项目承担单位，有权享有和许可他人使用其科研成果的知识产权的权利。《经济学人》（*The Economist*）杂志对 Bayh – Dole 法案的评价是“美国半个世纪以来通过的最具有鼓舞性的法案”，它大大鼓励了美国大学对其科研成果提起专利申请，而专利是大学技术走向市场的前提。Bayh – Dole 法案的出台，引起了各国政策制定者对于通过提高学术科研成果的商业开发能力来提高本国经济竞争力的兴趣。20 世纪 90 年代，许多欧洲国家的政策制定者开始讨论或已经着手修改本国的大学知识产权管理制度，并且在它们的修改报告中都可以看到是基于对 Bayh – Dole 法案提高大学技术转移效率的认可。因而，这些国家也以调整知识产权的归属作为切入点，通过赋予大学作为其科研成果的知识产权的权利人，激发大学参与技术研究的积极性，通过知识产权将大学纳入到技术转移的活动中来。

一、知识产权制度形成的重要历史事件

20 世纪 80 年代以来，科技革命集中在高新技术领域的突破。科技进步和经济全球化进程在政治和法律上的诉求，就是将知识财产作为经济的要素纳入法律和制度性规范的范畴，形成社会公认的产权形态。经济全球化带动了被赋予经济价值的知识产权保护的全球化，对于每一个希望参与全球化经济体系的国家，完善的知识产权制度成为其入门券。在这个阶段，我国在经济、科技和教育体制方面进行了重大的改革，其中一个重要的制度变革是从无到有地建立起了基本的知识产权制度。知识产权专家曲三强教授认为“中国知识产权制度的建立与发展带有强烈的功利主义色彩”。中国知识产权制度的发展历史是一个由外而内的渐进过程，在外部压力和内部诉求的相互作用、相互博弈的过程中逐渐走向成熟，既深受美国等西方国家的影响和左右，又受到自身体制、意识形态、官僚政治的干预①。

既然制度的出现不是凭空的，需要回到制度发生前，考察一系列渐进性事件是如何积累的，才能更好地理解现在的制度是如何形成及其未来的发展。中国知识产权法律法规的出台是在改革开放以后，中国经济从计划经济向市场经济的制度转型中快速发展起来。表 4 – 1 至表 4 – 4 以时间为线索，列出影响我国知识产权制度构建过程的重要历史事件，包括重要法律的出台、加入国际知识产权组织和公约以及影响知识产权制度进程的一些重要事件②，并按照知识产权制度的发展分为四个阶段。在知识产权法律制度的建设方面，《商标法》最早出台，1982 年 8 月 23 日，全国人民代表大会通过了《商标法》。随后，1984 年 3 月 12 日通过了《专利法》、1990 年 9 月 7 日通过了《著作权法》。其中，《专利法》从筹建到出台，历时六年。对于我国应不应该建立专利制度，如果建立，应该建立什么类型的专利制度，国内一直有许多不同的声音。根据本书所探讨的技术转移的专题，本章主要回顾了专利制度的建构过程。

① 曲三强：《知识产权保护的中国路径》，《法制日报》，2011 年 1 月 17 日。

② 在 Nir Kshetri（2009）研究的基础上完善。

表 4-1　知识产权制度建设之前：1980 年之前

时间	事件	说明
1950 年	《保护发明权与专利权暂行条例》出台	由于政治环境，没有真正落实
1973 年 10 月	中国国际贸易促进会参加世界知识产权会议	民间团体第一次参加：提议建立专利制度
1978 年	中共十一届三中全会召开	经济体制改革的开端
1978 年	国家科学技术委员会负责筹建专利制度	国家科学技术委员会赴世界知识产权组织、欧洲专利局考察；初步形成《专利法》起草小组
1978 年 3 月	第一次全国科学技术大会召开	提出“科学技术是第一生产力”的指导思想
1978 年 9 月	成立工商行政管理总局，内设商标局	
1979 年	邓小平率领代表队访美签订《中美高能物理协定》，协定规定互相保护版权	
1979 年 10 月	国家科学技术委员会向国务院提出《关于在我国建立专利制度的请示报告》	

表 4-2　知识产权制度的形成阶段：1980～1993 年

时间	事件	说明
1980 年	加入世界知识产权组织（WIPO）	
1980 年 1 月 4 日	成立中国专利局	国家科学技术委员会副主任武衡任第一任局长
1980 年 2 月 1 日	中美双方签订《贸易关系协定》	
1982 年 8 月	颁布《商标法》	修订时间：2001 年
1984 年	加入《保护工业产权巴黎公约》	
1984 年 3 月	颁布《专利法》	修订时间：1992 年、2000 年、2008 年
1986 年	国家制定了为期 15 年的“国家高技术研究发展计划（863 计划）”	
1989 年	China and US Initiated IPR Consultations	
1990 年 9 月	颁布《著作权法》	
1991 年 4 月	美国将中国列入其知识产权侵权调查名单	

续表

时间	事件	说明
1991 年 5 月	美国对中国启动“特殊 301 条款”	用于调查外国政府对知识产权保护不利的情况
1991 年 6 月	颁布《计算机软件保护条例》	修订时间：2001 年、2003 年
1992 年 1 月	对“特殊 301 条款”的调查；中国与美国达成知识产权的“谅解备忘录”	（1）专利权的保护范围和水平提高 （2）中国递交《伯尔尼公约》申请
1992 年 10 月	加入《保护文学艺术作品伯尔尼公约》和《世界版权公约》	
1993 年	中国专利局研发出中国专利文摘 CO－ROM 光盘	
1993 年 1 月	中科院率先制定了《中国科学院保护知识产权的暂行规定》	
1993 年 6 月	加入《录音制品日内瓦公约》	

表 4－3 知识产权制度的发展时期：1993～1999 年

时间	事件
1994 年 1 月	中国成为《专利合作条约》（PCT）成员国
1994 年 7 月	美国将中国从知识产权“重点观察国家”列为“重点国家”
1995 年 2 月	美国宣布要求中国赔偿因为知识产权侵权带来的贸易损失；在相关的关税中征收 10.8 亿美元
1996 年	美国要求北京关闭制造盗版 CD 的工厂
1996 年 6 月	中国方面同意关闭盗版 CD 工厂，并且提高保护知识产权执法力度
1996 年 9 月	加入《建立工业品外观设计国际分类洛伽诺协定》
1999 年	召开全国技术创新大会，通过《关于加强技术创新，发展高科技，实现产业化的决定》

表 4－4 知识产权的完善与发展时期：1999 年之后

时间	事件
2000 年 8 月	人民代表大会决议修订《专利法》，2001 年开始实施新《专利法》
2001 年 10 月	新《著作权法》和《商标法》按照《与贸易有关的知识产权协议》（TRIPs）的标准重新修订，扩大了保护范围

续表

时间	事件
2001 年 12 月 10 日	正式加入世界贸易组织（WTO），履行 TRIPs 协议有关外观设计的规定
2002 年	微软宣布在中国投资 75 亿美元
2003 年 1 月	美国思科公司正式起诉中国华为技术有限公司和华为美国分公司专利侵权
2006 年 3 月	新的法律要求 PC 制造商在出产前要安装获得专利授权的操作系统
2006 年 6 月 9 日	《世界知识产权组织版权条约》与《世界知识产权组织表演和录音制品条约》正式生效
2007 年 4 月 10 日	美国将中国的知识产权问题诉诸世界贸易组织争端解决机制
2008 年 6 月 5 日	国务院通过《国家知识产权战略纲要》

在第三章中，我们已经分析了 1949 年新中国成立后，由于我国长期实行高度集中的计划经济体制，人们普遍缺乏“私有产权”的意识，而这种体制也排斥私权和知识产权。我国先后颁布了《保障发明与专利暂行条例》等五个发明奖励条例，是我国在建立专利制度之前，针对国内发明和创新活动的唯一激励机制。这些条例规定，“发明的所有权归属主体是国家，全国各个单位都可以无偿利用”。

在上述情形下，专利制度在我国的建立颇费周折。当时，国内大部分人并不了解知识产权的意义和作用，甚至有人认为知识产权制度与社会主义制度格格不入。实际上，直到 20 世纪 80 年代，世界上大多数的社会主义国家都没有专利制度，科技奖励制度是鼓励发明创造活动的主要激励机制。对于我国要不要建立专利制度，以及建立什么样的专利制度，国内始终存在着激烈的争论。主流的观点认为，专利有资本主义的属性。国家可以奖励发明创造的人或单位，但是发明成果应该属于国家和人民。单位是国家的单位，发明人是单位的人，是受国家培养的，因而发明人或单位的发明成果理所应当是属于国家的，这在当时被认为是天经地义的事。

1973 年，世界知识产权组织向中国发出邀请函，邀请中国代表团参加在日内瓦召开的世界知识产权组织领导机构的第四次会议。得到周恩来总理的批示后，由任建新带领观察组参加了这次会议，这次参会对于中国知识产权制度的建立具有重要的意义。代表团回国以后，任建新向国务院提交了《我国应该建立专利制度》的报告，基于以下几个方面考虑：①发展中国家应对西方国家的技术垄断；②国内科研、生产和贸易与外交发展的

需求；③进出口国际贸易方面的技术专利问题。这份报告得到了周恩来总理的批示和国务院有关部门的重视，然而后来随着国内政治氛围的变化，全国范围内掀起了“批林批孔”和“反对资产阶级法权”的运动，继而又是“反击右倾翻案风”。专利制度的建设只能在这种政治环境中搁浅。

最终，我国决定建立知识产权制度的根本原因是改革开放带来的。在与国外进行贸易交往时，美国等西方国家经常质疑中国的知识产权保护问题，以此进行贸易遏制。中国需要对外贸易，吸引外资和从西方获得迫切需要的技术和设备。因此，专利及其他知识产权制度必须建立起来。邓小平同志非常重视知识产权制度的建设问题。1979 年 6 月，国务院派国家科学技术委员会副主任武衡率考察团，访问世界知识产权组织，并到欧美等 13 个国家考察专利制度。考察团回国后完成了《关于我国建立专利制度的请示报告》。1980 年 1 月，得到国务院的批示，成立了中国专利局，由武衡出任第一任局长，同时组建了专利法起草小组。同年 3 月，我国提出了加入世界知识产权组织的申请，由贸易促进会负责筹备建立专利代理机构。

中国专利局成立以后，专利局局长武衡领导的《专利法》起草小组将《专利法草案》提交到国务院以后，仍然迟迟得不到批复。国内长期以来受“以阶级斗争为纲”的影响和“左”的思想束缚，一些人极力反对建立专利制度，认为这是资本主义制度，搞专利制度就是搞资本主义制度。专利制度保护了外国人，是卖国行为；专利制度影响仿制，阻碍了我国的技术进步和经济发展。1979 ~ 1992 年，与世界知识产权组织联合举办有关专利、商标和版权等各种培训班 30 多次，培养了许多知识产权方面的人才。《专利法》颁布以后，其推广实施也遇到许多困难。一是发明人本身缺乏积极性。当时对于技术创新和技术成果的主流意识是“一人发明，大家受益”，“个人奉献和集体主义”，很难接受发明人独自享受专利权的垄断。二是国内已有的“发明奖励制度”让许多从事技术发明的人害怕被扣上政治帽子，他们宁可得到奖励证书和象征性的奖金，也不愿意冒天下之大不韪而独占自己的发明成果。国内某些部门也认为，《专利法》的实施会影响企业的发展，妨碍技术成果使用的自由。

虽然我国在 20 世纪 80 年代快速建立起了知识产权的基本法律制度，但进入 20 世纪 90 年代，我国知识产权的保护力度、执行力方面都在不断遭受其他国家的诟病。1991 年、1994 年和 1996 年，中国连续三次遭遇了美国 301 条款对中国提起的知识产权特殊审查，并以此对中国进行贸易制裁。欧洲国家也认为中国的知识产权制度不完善，达不到国际标准。1990 年 11 月，在关税与贸易总协定多边贸易谈判中，世界各国达成了《与贸易有关的知识产权协议》（TRIPs）草案，它意味着知识产权的国际新标准的形成。中国政府加入 TRIPs 和世界贸易组织（WTO）后，中国知识产权制度面临着更大的国际社会的压力。因而，刚刚建立不久的知识产权相关法律，需要不断进行修改。《商标法》于 2001 年修改，《专利法》分别在 1992 年、2000 年、2008 年进行了三次修改。并且还陆陆续续出台了其他法律：《计算机软件保护条例》（1991 年通过，2001 年进行修改）；《植物新品种保护条例》（1997 年出台，2013 年修订）等。知识产权领域的相关法律是我国所有法律中修改频率最高的。

1992 年《专利法》的修改一方面是基于美国的压力，要求中国制定的《专利法》应该符合和接近其他工业发达国家的标准；另一方面是中国政府在加快步伐加入各个知识产权相关的国际条约：1994 年成为《专利合作条约》成员国，1995 年加入了世界知识产权组织（WIPO）。其他加入的与知识产权保护相关的国际条约和公约还包括：1985 年加入保护工业产权的《巴黎公约》、1989 年签订了《关于集成电路的知识产权保护条约》和《马德里协定》、1992 年成为《伯尔尼公约》和《世界版权公约》的成员国、1993 年加入《录音制品公约》。签订《伯尔尼公约》后，中国的计算机软件程序也被认为是著作权保护的客体。2001 年《商标法》进行修订，为了符合《巴黎公约》和 TRIPs 的规定，执行注册“优先权”原则。

除了法律制度的建设外，在知识产权机构的设置上也有一些新的举措。1998 年 3 月，中华人民共和国专利局将名称改为中华人民共和国国家知识产权局，作为国务院的直属机构。2000 年《专利法》第二次修改，主要是为加入世界贸易组织（WTO）做准备。修改内容包括：①扩大了专利的保护范围；②延长了专利的保护期限，发明专利从 15 年延长至自申请日后 20 年，实用新型专利和外观设计专利的保护期限从 5 年延长为自申请日后的 10 年；③强化了专利权的保护；④重新规定了专利实施强制许可的条件。成为 WIPO 和 WTOC 成员国一员后，中国政府开始按照国际条约的规定执行国际专利检索和对专利权的保护，面对国际经济关系和环境的变化，提高我国知识产权的创造、管理、实施和保护的能力。2008 年 6 月 5 日，国务院发布了国家知识产权局制定的《国家知识产权战略纲要》，提出了知识产权制度建设的五年规划，第一次将知识产权制度的建设提高到国家层面的战略高度。

知识产权制度是近代商品经济与科学技术发展到一定阶段的产物，因而，一个国家的知识产权制度的建设要考虑其经济和科技发展水平。有学者也将它称为“私法领域财产‘非物质化革命’的结果”，知识产权制度的建构，出于知识财产与产权制度化的合理要求，是科技、经济、法律协调发展的过程。高校作为知识的生产工厂，要避免科技与经济“两张皮”的现象。国家政策的制定应该鼓励高等学校和科研机构在合理分离权益的基础上，将自主知识产权的技术向企业转移；对于国家科研资助下获得的科研成果，尤其是一定期限内未能转化实施的专利技术，在政策上要制定相应的激励措施，促进它们的转让和实施。

二、《专利法》修订对职务发明界定的改革

我国知识产权制度的建立，是从实施 1985 年《专利法》开始的。当时法律对专利做了“职务发明”和“非职务发明”的区分。对职务发明的认定带有较强的计划经济体制的特色。在此之前，我国一直实行发明奖励条例下的“国家所有权”制度，所有的发明均属于国家。《专利法》的出台也经历了较多的争议。主要的反对意见来自对发明赋予专利的保护，是将公共知识私有化。这一点与当时 Bayh - Dole 法案在美国通过时进行的专利权归属的变革具有相似的地方。因此，依据此时《专利法》对于职务发明的界定，大学教师从其科研项目中获得的专利，其专利所有权人实际还是国家，大学只是作为专利的持有人。事实上，这样的安排也并没有对大学要进行的技术转移产生明显的影响。

在 2002 年之前，高等学校整体申请专利的情况一直处于较低的水平。不但增长速度缓慢，有时可能出现负增长。1985 年，全国共提起职务专利申请 4333 项①，其中高等院校提起专利申请 1538 项，占国内专利申请数的 35.5%。1986 年，专利授权 381 项，占高校专利申请总数的 24.78%。1985 ~ 1999 年，高等学校每年提起专利申请的数量比较稳定，在这 15 年内，平均每年申请专利 1437 项左右。在专利申请和获得授权的专利类型中，

① 1985 年全国专利申请中，个人申请 5078 项，职务专利包括大专院校、科研单位、工矿企业、机关团体。

主要以发明专利和实用新型专利为主，这两者在15年间获得的专利授权总数占所有类型授权专利总数的98%以上，而外观设计专利所占比重非常低，为1%~2%（见表4-5和图4-1）。大学申请专利数量并不多，也很少有大学制定专利或其他知识产权方面的管理规定。1997年，清华大学制定了《清华大学知识产权暂行规定（试行）》，是高等学校中首批在校内制定专利管理规定的大学。而且清华大学早在1984年就成立了专利事务所，是高校中最早的。

表4-5　1985~1999年中国高等学校历年专利申请和授权情况统计

单位：项

年份	申请专利				授权专利			
	合计	发明	实用新型	外观设计	合计	发明	实用新型	外观设计
1985	1538							
1986	1058	546	490	4	381	37	341	3
1987	1360	553	798	9	443	119	322	2
1988	1513	648	848	17	805	208	594	3
1989	1220	562	649	9	1070	320	731	19
1990	1333	509	509	13	1031	326	698	7
1991	1704	718	975	11	949	295	638	16
1992	1823	825	976	22	1214	308	897	9
1993	1765	774	926	65	1774	506	1233	35
1994	1520	654	849	17	1078	285	786	7
1995	1363	574	771	18	891	258	623	10
1996	1320	604	711	5	854	228	611	15
1997	1293	635	649	9	774	256	511	7
1998	1445	794	619	32	860	243	600	17
1999	1769	988	747	34	1304	425	848	31
总计	22024	9384	10517	265	13428	3814	9433	181
类型/总计		42.6%	47.8%	1.2%	61.0%	17.3%	42.8%	0.8%

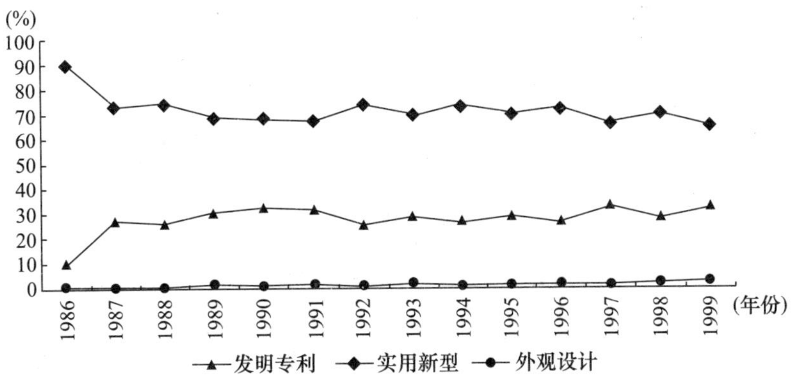

图4－1 高校授权专利类型占总数的比重

2002年之后，高校的专利申请和授权数量均明显出现快速的增长（见图4－2）。2002～2010年，中国高校专利授权的年均几何增长率高达49.71%。其中，专利申请和授权前100名的高校占全部高校专利申请总量的71.4%和70.6%，主要来自“985工程”和“211工程”高校。有的学者认为高校专利申请和授权数量的增加是由于“中国Bayh－Dole法案”所带来的影响。然而，笔者认为这样的结论目前尚缺乏实证检验的支持。

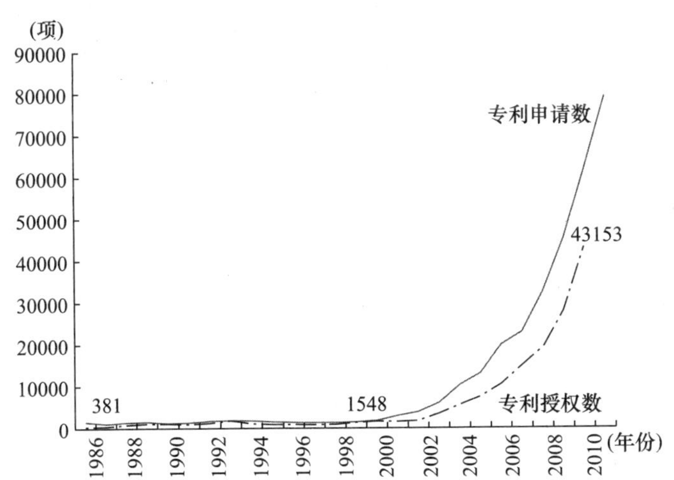

图4－2 1986～2010年我国高校专利授权量的变化趋势

中国高校专利申请和授权数量出现飞速增长。其中的原因是多方面的：一是高校在国家创新体系中地位的变化，高校越来越多地参与到国家科技项目中来，成为国家投入 R&D 活动的主体部分。二是大学的科研经费结构和科研经费来源也发生了重大变化，企业对大学科研经费的贡献发展迅速，大学与企业多方合作关系的形成也是专利活动迅速增长的原因。三是从国家到高校层面对待高校申请专利的评价体系的变化，在国家科技计划中明确提出知识产权指标完成的预期计划，将知识产权的数量列入项目考核的指标，而学校也将知识产权（尤其是专利）纳入教师职称考评体系中，专利数量在某种情况下可以等同于一篇科研论文。实际上，在世界范围内，在对教师的考核和评价指标中，没有任何一所高校做出过将专利等同于论文的规定。这应该是中国大学专利申请和授权量快速增长的主要原因之一。

1985 年,《专利法》出台之后进行了三次修改，但并不是每次都对权利归属的界定进行修改。就职务发明产权界定方式而言，经历了从“国家所有，大学持有”向“大学所有权”的变化，如果再追溯到“发明奖励制度”时期（国家所有权），那么我国发明成果的所有权归属也经历了与 Bayh－Dole 法案类似的，从国家向大学“让渡”产权的过程。

1985 年《专利法》（第六条）对专利权归属的界定分为“职务发明”和“非职务发明”两类，并且对职务发明的界定范围做出较强的规定。就全国而言，非职务发明和职务发明每年的申请比例基本持平。但是，对于大学而言，职务发明的数量要远远超过非职务发明的数量。是否可以这么理解：对于有“单位”的发明人而言，由于职务发明的界定范围非常广泛，以至于很难区分职务发明和非职务发明，从而造成供职于大学的发明人申请的专利基本都属于职务发明。比如，在 1990 年之前，清华大学在国家专利局提起的专利申请中，除了职务发明之外，没有一项是非职务发明；1985～2002年，所有的个人发明也只有 49 项①。可见，我国早期《专利法》中关于专利权归属的界定，对职务发明中具体发明人贡献的保障体现得并不明显；就职务发明的归属方式来看，也带有较强的计划经济色彩——按照单位的性质对专利权做“持有权”和“所有权”的区分：全民所有制单

① 下一节会着重分析清华大学专利活动的情况。

位只能是专利的持有者，而集体所有制单位是专利权所有者[①]。持有人所享有的专利权的范围要小于所有人。比如，专利持有人要转让专利的，需要报其上级主管部门的批准（第十条）。本质上，专利持有人只是对专利的管理部门，从产权的属性上来看，实际上还是“国家所有权”。只不过相对于发明奖励制度时期，国家已经对一部分单位放权了。那么，按照这个规定，这个阶段的大学都是公立学校，属于全民所有制单位，因而大学只能是职务发明的持有人。

1992 年，《专利法》进行第一次修改，延长了三种专利的保护期限[②]。但是，在职务发明的权利界定上并没有变化，还是根据企业所有制的性质进行区分。2000 年的第二次修改，是以“产权改革”著称。最重要的变化是缩小了职务发明的界定范围，取消了所有权归属模式中对权利人做“持有人”和“所有人”的区分的条款，并且加入了专利权约定优先的原则（见表 4－6）。

关于权利归属方面的调整主要有两个方面：

（1）不再按照单位所有制的形式，将专利权的归属形态做“持有权”还是“所有权”的区分。实际上是去掉了计划经济的色彩，更加符合世界贸易组织的规则、与贸易有关的知识产权协议的规定和国有企业产权改革[③]。取缔了专利权按照企业所有制的性质是归企业“持有”还是“所有”，今后专利所有权人只有两个：单位和个人。有学者认为对于“持有权”和“所有权”的划分虽然带有计划经济的色彩，但是在具体的实践中并没有带来明显的障碍，因而从表述上做这样的区分意义不大，但是从其区分的内涵上看，持有权定义下的处置权权限应该要小于所有权。职务发明人享有署名权和受奖励权。对于高等学校的职务发明而言，从持有权人到所有权人的转变，扩大了高等学校管理和处置专利权的范围。在知识产

① 1956 年，中国进行生产资料私有制的社会主义改造完成，全国形成了全民所有制和集体所有制两种公有制形式，对这两者的认识是，前者是公有制的高级形式，后者是公有制的低级形式，而农村中的合作社是公有化程度较低的所有制形式，是一种过渡形式。关于社会主义公有制两种形态的辨析，可以参见林子力：《社会主义经济问题学习纲要第三讲〈社会主义的全民所有制和集体所有制（上）〉》，《前线》1959 年第 15 期。

② 发明专利从 15 年到 20 年，实用新型专利和外观设计专利从 5 年到 10 年。

③ 1999 年，中国共产党第十五届中央委员会第四次全体会议做出《关于国有企业改革和发展的若干重大问题的决定》，要求建立产权明晰、权责明确、政企分开、管理科学的现代企业制度，出资者所有权与企业法人财产权相分离。

权的运用上，要以专利作为无形资产出资成立企业，许可、出资等并不总是需要向上级主管部门报批。

（2）将促进科技进步和创新作为本次修改《专利法》的目的。为了调动发明人及其所在单位的积极性，对职务发明的归属做出了新的界定，即在单位与发明人或者设计人签订合同的情况下，可以“约定”专利权的申请和归属权[①]。并且明确了专利实施后要给予发明人或者设计人以奖励和报酬。第二次《专利法》的修改听取了18个省市专利管理机关、18个部委、15个专利代理机构、15个科研单位及企业、8个国家知识产权局内部部门以及多个专家学者提交的书面意见。更重要的是，在第二次《专利法》修改后，2001年国家公布了《专利法实施细则》[②]。作为与《专利法》配套执行的行政法规，规定了《专利法》具体执行的参照依据，其中对职务发明的内容、界定方法、适用范围做出明确的规定，对《专利法》的实施具有重要的意义。

表4-6 《专利法》修改中有关职务发明的权利归属界定及其特点的比较

《专利法》	职务发明的界定	归属方式	特点
1985年	执行本单位任务或者主要是利用本单位的物质条件完成的职务发明创造，申请专利的权利属于单位（第六条）	全民所有制单位申请的归单位持有；集体所有制单位申请的归单位所有	专利申请权和所有权的分割。权利区分所有权人和持有权人；全民所有制单位转让专利申请权或专利权，必须报上级部门批准
1992年	没有变化	没有变化	没有变化

① 关于职务发明的认定方式没有变化：执行本单位的任务或者主要是利用本单位的物质条件发明创造。

②《专利法实施细则》进行过两次修订，分别是2002年12月28日和2010年1月9日。

续表

《专利法》	职务发明的界定	归属方式	特点
2000 年	执行本单位的任务或者利用本单位的物质技术条件所完成的发明创造；利用本单位的物质技术条件所完成的发明创造，单位与发明人/设计人订有合同的，合同对专利申请权和专利权归属有约定的，按照约定；出台了《专利法实施细则》，明确定义职务发明的范围（第十二条）	两个变化：取消了专利权人持有权和所有权的划分；引入了“约定”优先原则；专利申请权和专利权都可以转让	缩小了职务发明的范围；持有权和所有权划分的取消，进一步扩大了专利权人对产权的控制，加强了对发明人/设计人利益的保护
2008 年	没有变化	没有变化	没有变化

2008 年《专利法》的第三次修改，被认为受到美国 Bayh - Dole 法案的影响[①]。《专利法》的屡次修改是为了适应社会主义市场经济建设的进程。从上述改变可以看出，对于职务发明，单位可以是“所有权人”而不仅仅是以前的“持有人”。从产权的理论上分析，这样的规定增强了单位对职务发明的控制权和使用权。而且，规定了在有些情况下，单位与发明人/设计人之间通过订立合同，能够“约定”专利权的归属。在法律的规定上，发明人/设计人有可能成为其职务发明的专利权人，是“合同优先”的做法，这种规定符合我国《民法》精神中民事主体在日常交往活动中的“意思自治”的原则。对于大学而言，由于发明人/设计人从事的发明和创造活动的资源来自学校，并且国家是学校的主要资助者。我国从发明奖励阶段的“国家所有权”，到 1992 年之前的“大学持有，国家所有”，再到 2000 年的“大学所有”，本质上也体现了国家对于发明和创新活动控制的“放权”趋势。这实际上是一种产权的让渡，通过将部分产权让渡换取科技人员进一步产业化的积极性，同时也将产业化的风险部分转嫁给了试图获得产权转让的科技发明人员。

① 关于 Bayh - Dole 法案对我国知识产权制度的演进分析在第六章中集中介绍。

三、技术转移过程中的知识产权归属原则

在知识产权法律体系建立起来之后，在全国范围内，还没有一部专门针对科技工作科研成果的知识产权保护方面的法律法规。20 世纪 90 年代，中科院系统和国家教委开始针对调整科技成果的知识产权问题，出台了若干的行政规章或地方性法规。1993 年，中国科学院率先制定了《中国科学院保护知识产权的暂行规定》，这对整个科技系统、部门和行业的知识产权保护工作起到了重要的促进作用。随后，中国航空工业总公司、教育部等也先后制定了知识产权保护规定。

1996 年，全国人大常委会通过了《中华人民共和国促进科技成果转化法》，第二十六条规定了科技成果的完成单位与其他单位合作进行科技成果合作转化过程中的技术权益归于的处理原则是：①有约定的按照约定；②无约定的，在转化中无新的发明创造的，科技成果的权益归于科技成果完成单位；③无约定的，在转化中有新的发明创造的，双方共有；④无约定的，对于产生的新的科技成果，各方都有实施的意愿的，转让须经过合作各方同意才能进行。另外，还对科技成果转化所取得的收益进行了规定（第二十九条和第三十条）①。1999 年，科技部等部门共同制定了《关于促进科技成果转化的若干规定》，其中规定，“以高新技术成果向有限责任公司或非公司制企业出资入股的，高新技术作价的金额可以达到公司或企业注册资本的 35%”。同时规定，“国有科研机构、高等院校的职务技术成果，单位在成果完成之后，一年内未能实现转化的，科技人员可依据与本单位签订的协议，自行转化职务发明成果”。虽然技术转移的法律体系中规定了发明人可以通过与其所在大学协商，从“签订协议”的事先约定的方式，获得职务发明的自行转化的权利。但是在笔者的调研中发现，鉴于这个规定比较笼统，在实际的操作中有许多障碍。比如试图获取自行转化权的发明人是否能成为真正的专利权人；自行转化是否包括转化给其他院系；自行转化后的收益分配问题；获得自行转让权的程序是否过于复杂；学校是否会在将来以其他的方式介入等都没有进行具体的说明。

---

① 科技成果完成单位将其职务科技成果转让给他人的，单位应该从转让该项科技成果所取得的净收入中，提取不低于 20% 的比例，对完成该项科技成果及其转化做出重要贡献的人员给予奖励。

随着科技转化法的出台，意味着国家从制度的层面鼓励科研成果开发/转化成实际的产品，以及随着大学专利申请和授权量的逐年增加，大学希望将转让专利作为学校技术转移的重要手段，但是现有的《专利法》并不能满足大学专利管理制度和技术转移的需求。如何提高快速增长的大学专利的技术转移率的问题，已然成为国家领导关注的重点。1999 年，中共中央、国务院发布了《关于加强技术创新，发展高科技，实现产业化的决定》，第十三条专门讨论了知识产权的保护与管理。同年 4 月，教育部颁布了《高等学校知识产权保护管理规定》①，这是我国首次出台的关于高等学校知识产权方面的行政规章。其中第八条对知识产权的归属做出的规定是："执行本校及所属单位任务，或主要利用本校及所属单位的物质技术条件所完成的发明创造或者其他技术成果，是高校职务发明创造或职务技术成果。职务发明创造申请专利的权利属于高等学校。专利权被依法授予后由高校持有。职务技术成果的使用权、转让权由高校享有。"②

第二节　产权激励模式与大学技术转移体制的变革

大学知识产权权利归属模式演变的意义在于，在新的产权界定体系下，能够有效地促进大学科研成果的商业化开发。因而在这一章中，将再次结合具体的案例（清华大学），探讨知识产权制度的建立以及知识产权权属在技术转移过程中发挥的作用。这个时期，我国已经建立了知识产权制度。技术转移的方式、特点受所处制度环境的影响。邓小平提出科学技术是第一生产力，不是说科学技术本身就有生产力，而是要转化为生产力。钱学森先生曾经提及技术转移是一项复杂的"社会系统工程"。20 世纪 80 年代中后期，我国由计划经济体制向市场经济体制过渡，因而，真正意义上的技术转移应该是在改革开放以后。

"文革"结束后，清华大学也开始贯彻执行国家对高等教育提出的"调

① 早在 1994 年，国家教委就着手制定了《关于高等学校知识产权保护工作的若干规定》（征求意见稿），1996 年 7 月，全国高等学校科技工作会议上作为会议论文下发，全文共二十九条。

② 参见《高等学校知识产权保护管理规定》第八条内容。

整、改革、整顿、提高”八字方针。“科研工作要面向经济建设，为国民经济发展需要服务”，20 世纪 80 年代，清华大学提出了科学研究应正确处理基础研究、应用研究、开发研究三者之间的关系，确立了“一个主体、两个侧翼”的指导思想：以面向国民经济主战场为研究工作的主体，大力开展基础研究和应用研究。本阶段清华大学在专利制度的建设方面进行了许多新的尝试，走在全国高校的前面。

笔者曾在另一篇文章中分析了研发的综合投入指标（包括研发项目的类型、科研经费的不同来源、专利申请和授权的数量）对大学技术转移合同的影响，通过对 22 所“985”高校 1998 ~ 2010 年的面板数据进行实证分析，研究结果发现科研项目的总体数量上的增长以及专利申请和授权数量的增长对技术转移合同数量有显著的正向影响，但是对技术转移合同金额的影响没有表现出统计意义上的显著性。因此，下文首先分析清华大学科研项目和专利活动在这个阶段的增长情况，因为这些变化作为大学技术转移的资源基础，也促使统一管理技术转移的组织机构内部出现演化。

一、科研项目的增长为技术转移提供了资源基础

20 世纪 90 年代，清华大学科研项目不断增长，1983 年清华大学在研科学研究课题 378 项，到了 1993 年，这项数据已增至 1335 项。[①] 据学校历年统计资料公布的数据显示，科技开发服务部成立以后，学校的科技开发项目和合同金额都出现了快速的增长。如表 4 - 7 所示，1990 年前，学校的科技开发工作属于起步阶段，合同项目数量较少、合同金额较小，50 万元以上的合同只有一项；1991 年后，技术开发项目数和合同金额增长明显，比如机械系承担了“马鞍山钢铁公司技术改革”项目，合同金额 124.5 万元。1992 年和 1993 年超过 100 万元的项目分别有六项，其中由机械系签订的“承包设计开发和制造板式换热器厂的重型设计”项目，合同金额高达 1220 万元；计算机系签订的“北京商品交易所计算机交易系统工程技术开发”项目，合同金额高达 1432 万元。到 1993 年底，经科技开发部审定的科技开发项目数为 353 项，合同金额达到 6621 万元。1996 年，学校承接企业合同 4400 项，合同总额超过 15 亿元，是 1995 年 0.89 亿元的 4 倍多。

---

① 清华大学志（科学与研究）（上），清华大学出版社，第 333 ~ 334 页，2001。

表 4-7　1983～1993 年科技开发项目数及合同金额

年份	1983	1984	1985	1986	1987	1988	1989	1990	1991	1992	1993
项目（项）	165	404	323	113	66	52	28	123	288	532	353
金额（万元）	238.1	684.6	682.6	363.1	197.3	235.3	312.5	431.6	1497	5168	6621

注：其中科技合同项目数指的是与省市、区或企业的横向科技协作合同，不包括与部委局签订的合同和未经过科技开发部审定的校内合同。合同的类型包括技术开发、转让、咨询和服务合同。

资料来源：《清华大学科研管理 50 周年》。

随着科研项目数量和金额的增长，学校更加重视如何将科研成果转化，科技产业的发展成为学校工作的重要组成部分。在第三章中已经分析了，在计划经济时期，高校科研成果进入生产领域的主要方式是承接国家任务、建立三联基地、技术对接和校办工厂的方式。到 20 世纪八九十年代，高校与企业建立起更加多元化的联系：①根据企业需求，成立“校—企”技术研发中心，这种方式的优势是科研成果完成以后，可以直接投入工厂的使用中，加快科研成果转化为生产力的进程。②与企业或生产部门进行科研项目的合作研发，这种方式的优势在于针对性和灵活性较强。③为企业定向培养学生或者联合培养研究生。

二、专利情况与知识产权制度建设

专利数量的增长也为技术转移提供了资源基础。1985 年 4 月 1 日，《专利法》实施的第一天，清华大学提交了 145 项专利申请，占教育部直属院校申请专利总数（623 项）的 23.27%；而当年总共申请专利 181 项，占所有高等学校专利申请（1538 项）的 11.78%，成为高等学校中提出专利申请最多的学校[①]。1985～1992 年，清华大学提出的专利申请数都不超过 100 项。1992～1994 年，经过短暂的增长后，专利申请再次跌回 100 项以下。在专利申请的类型方面，以职务发明专利为主，1990 年之前更是没有非职务发明。1985～2002 年，清华大学总共申请了 2953 项专利，其中职务专利占专利申请总数的 98.34%；获得授权的专利 1467 项，获得授权的职务专利占 97.13%；从专利授权的类型来看以发明专利和实用新型专利为主，外

① 吴荫芳：《三十年科研管理工作简要回顾》，《清华科研管理 50 年：1956～2006》。

观设计专利寥寥可数（见表4－8）。

表4－8　清华大学专利申请和授权情况（1985～2002年）

年份	专利申请						专利授权					
	总数	性质		类别			性质			类别		
		职务	非职务	发明专利	实用新型	外观设计	总数	职务	非职务	发明专利	实用新型	外观设计
1985	181	181		127	54		13	13		8	5	
1986	51	51		8	43		51	51		8	43	
1987	63	63		27	36		48	48		23	25	
1988	73	73		40	32	1	66	66		26	40	
1989	74	74		47	24	3	55	55		21	34	
1990	61	61		36	24	1	50	50		20	26	4
1991	87	77	10	43	44		48	36	9	24	23	1
1992	108	94	14	56	52		105	105		63	42	
1993	137	122	15	57	80		115	95	20	33	82	
1994	110	103	7	50	60		92	85	7	30	62	
1995	93	93		45	48		48	48		19	29	
1996	92	89	3	53	39		58	56	2	13	45	
1997	117	117		70	46	1	47	46	1	15	32	
1998	149	149		91	58		64	61	3	24	39	1
1999	189	189		123	64	2	121	121		40	79	2
2000	344	344		278	64	2	135	135		75	60	
2001	441	441		341	86	14	187	187		100	75	12
2002	583	583		488	95		164	164		108	56	
总计	2953	2904	49	1988	949	24	1467	1425	42	650	797	

注：本表所提供的数字包括校办企业专利数目及非职务专利数（2002年除外）。

资料来源：《清华大学科学技术处年鉴》。

经过几十年的科研能力提升和科技体制转变，1997年5月9日，在第十四次科技讨论会开幕式的报告中，梁尤能副校长提出新的科技体制改革的必要性。这一阶段我国已建立起知识产权制度的基本框架，高等学校也申请并获得了一批高水平的专利，高等学校申请的专利以发明专利和实用新型专利为主，说明高等学校科研成果的创新水平较高，国家和高等学校也开始重视专利技术的实施和转化。但是对国内大部分高校而言，高等学校对其科研成果进行专门保护的意识还是很薄弱的。对于是否申请专利、谁是专利申请的主体、申请及授权后如何管理等一系列问题都没有统一的管理办法。学校内部也并没有专门的机构负责专利的管理，而是采取分散的管理办法。1995～1997 年清华大学共发生知识产权纠纷 13 起，知识产权流失主要是由签订合同、人员流动及校办企业中的漏洞造成的。1997 年，清华大学成立了校知识产权领导小组，着手制定知识产权保护的管理办法，加强知识产权的宣传，专利及合同的审查、管理工作。当年通过了《清华大学知识产权管理规定（暂行）》。

专利申请的主要方式是由课题组提出专利申请的要求。有些成立了专利事务所的高校，比如清华大学，其课题组可以委托专利事务所向专利局提出专利申请；有些学校就只能委托校外的专利事务所或者是自行申请。申请和维持专利所产生的费用由课题组承担。有些学校没有集中管理专利的机构，专利证书也由课题组保管。分散的专利管理体制以及并不充裕的科研经费，导致课题组对专利申请的兴致并不高，并且专利的转让和许可与其他技术转让合同并无差异，均按照《技术合同法》来执行。这样的做法，实际上并没有将专利作为一类重要的产权来对待，没有看到专利可能带来的经济价值。

为了加强技术创新，鼓励重大发明，提高科技工作中自主知识产权的数量和质量，尤其是提高发明专利的质量，清华大学制定了发明专利的目标管理。在数量上，规划在 1999～2001 年“发明专利”申请数达到 500 项。这个任务在全校范围内做出具体部署，要求各个院系完成一定的数额。2001 年，清华大学还做出规定，将专利的拥有量纳入理工、医学等院系绩效评价的重要考核，一项发明专利等同于一篇高水平的论文。将专利拥有量等同于科研论文的考核方式，在世界其他国家很少见到类似的做法。现在，我国许多高校都将知识产权与教师的职称聘任、职务晋升、业绩考核、收益分配联系起来。

20 世纪 90 年代后期以来，清华大学获得的专利数量快速地增长，学校意识到获得专利并不是目的，使用、转让和从专利中获得收益才是最重要的，符合专利制度的本质。清华大学于 1991 年制定了《清华大学横向技术合同管理办法》，其中规定学校的横向技术合同归科技开发部管理，并且强调了职务技术成果均归学校所有。但是，据清华大学历年《科技统计年鉴》记载，1998 年才有了第一项专利转让合同。实践表明明确大学知识产权的权属，对于提高开发者对知识产权保护的主动性和积极性非常重要。

三、科研管理和组织机构的演变

组织机构是制度化过程中的重要标志。随着清华大学科研项目数和专利活动的增加，学校需要有稳定的组织机构统一负责这方面的工作，可以将以往一些零散又先进的部门整合到一起。什么样的组织会出现，以及如何演化，都受到制度框架的根本影响。反过来，组织也影响着制度框架的演化。

在有关知识产权的科研管理机构设置方面，早在 1980 年初，清华大学在科技处就设立了成果管理科，统一管理学校的科研成果。为了配合即将实施的《专利法》，1984 年，学校组建了清华大学专利事务所，这在全国高等学校中属于最早一批出现专门负责管理专利的组织机构，在全国企事业单位中也是第一批专利事务所。专利事务所与科技处下设的成果专利科统一管理、合署办公，实行“专利与成果相结合、专利管理与代理相结合”的管理制度，被称为“一个班子，两块牌子”。第一任专利事务所所长是吴荫芳教授，他同时还担任成果科的科长。当时，全校的专职专利代理人有 5

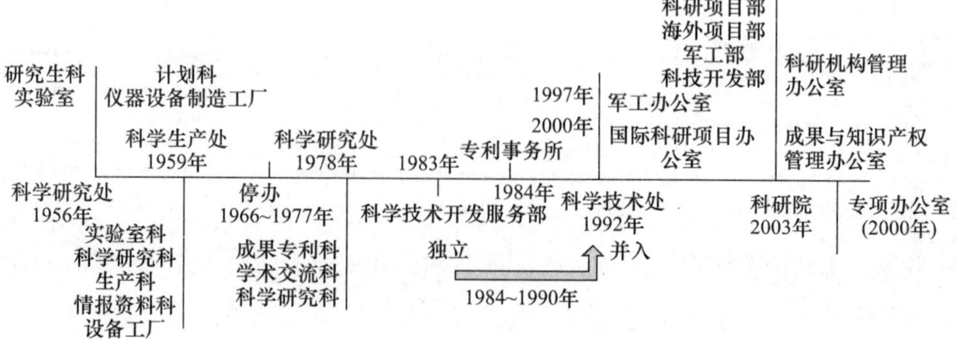

图 4－3　清华大学科技管理机构的演变

资料来源：作者根据清华大学科研院历年资料整理而成。

人，而兼职专利代理人有 21 人（$20120929W_1$）。根据清华大学的规定，根据专业和学科，原则上由每个系培训一名兼职专利代理人。学校对专利采取“校—系”两级审查和管理制度。

在科技成果转化方面，“文革”结束后，1978 年清华大学恢复了科学研究处，并增设了成果专利科和学术交流科，而研究生科于 1980 年从科学研究处分离出来，单独在学校成立了研究生处。从 1983 年起，学校的科研活动从恢复阶段转向着重提高的新阶段。同时为了增强学校的科研成果转化为生产力的能力，这一年清华大学做出两个重要决定：成立科学技术开发服务部[①]和制定“百万元效益奖”（$20120929W_1$）。科学技术开发服务部的成立具有两方面重要的意义：一方面，使得全校的技术转化有一个集中的管理部门；另一方面，科学技术开发服务部在全国高校中是最早的，是清华大学科研成果技术转移组织机构上的创新。在机构的行政设置上，刚成立的科学技术开发服务部与科学研究处合并办公（处部合并）。主要职能是：①有关规划和委托项目的论证及可行性研究；②外单位委托的科技开发、协作攻关任务；③学校科研成果的转让和推广应用；④技术咨询、技术服务。科学技术开发服务部成立之初与科学研究处合作办公，负责全校科技开发服务合同、协议的签约[②]。

科学技术开发服务部与科学研究处的关系也经历了几分几合（见图 4－3）。刚成立时，部处合并；1984 年 11 月，科学技术开发服务部更名为科技开发部，并从科学研究处分离出来，对外相对独立；1985 年，科技开发部与科学研究处[③]分开，科技开发部独立设置，由朱志武出任开发部主任；1990 年 9 月，科研管理体制改革，科技开发部再次并入科学研究处，实行统一管理。清华大学的科技开发部之所以经历了与科学研究处在科研管理制度上的几分几合，究其原因是学校对于科技成果的转化主体身份的探索。科技开发部的主要职能是技术成果转化，部处分开，是考虑到要确保科技开发部对外具有独立的法律主体地位。这样一方面可以在签订技术转让合同时，具有独立的法人资格；另一方面在发生法律纠纷时，科技开发部可以代表清华大学独立出面应诉，让学校从法律纠纷中脱离出来。然而，部处分开的模式也存在外

① 经 1982～1983 学年第二十四次校长工作会议决定。

② 见 1983 年《清华大学科学技术开发服务部暂行规定》。

③ 1992 年，科学研究处改名为科学技术处。

部和内部的冲突，也面临两方的质疑。对外而言，承接清华大学技术的一方会认为，科技开发部即使取得了独立的法人资格，但是它实际上并不拥有清华大学的科研成果，何以能够作为科研成果的所有权人来签订合同？在法律主体上不具备适格性。最重要的是，在技术转移合同出现纠纷时，它没有能力独立承担法律责任，这在法律主体上也存在障碍。尤其在发生法律纠纷时，也并不能真正地承担和解决出现的问题，即使追究责任也是徒劳的（$20130228W_2$）。科技开发部与美国的大学技术转移办公室有一些类似之处，都是负责管理学校的科技成果转化的平台，但是与大学之间的关系上有很大的差别。[①] 美国大学的技术转移办公室虽然主要负责其所在大学的科研成果的商业化开发，但是在法律地位、运营上具有相对的独立性。它们运营的大部分经费来自于经营大学的专利许可证贸易。

1983 年，清华大学校务会议通过《关于设立科研成果"推广应用效益显著专项奖"的暂行规定》。目的是促进科技成果尽快转化为直接的生产力，鼓励科技人员到第一线推广应用科技成果，表彰在科技成果推广应用方面成绩显著的科技人员[②]。该奖项又俗称"百万元效益奖"，由于奖励的条件中有一项是要求清华大学作为主要完成单位（或者与校外单位共同合作完成），经过使用单位应用后，年增利税达到 100 万元。关于"百万元效益奖"的设置，一些人认为应该由企业颁发奖金，而不是由高校作为奖励的主体，在当时学校总体科研经费比较紧缺的情况下，对科研成果的推广给予这么大力度的奖励是具有争议的（$20120929W_1$）。

最初，学校负责科技转移的组织机构唯有科技开发部，但是它本质上是一个科研管理部门：对外负责推荐和宣传学校科研成果、负责签署合同和对横向合同的管理、建立技术转移渠道、促成与地方（省市）政府和企业达成多渠道科技合作、"学校—地方"合作的窗口、加强清华大学科技和智力资源与区域经济发展的紧密结合。1984 年 4 月，在清华第十一次科技

① 从机构的运营上看，科学技术开发服务部是学校的职能部门，机构人员属于学校的工作人员，运营经费来自于学校的事业费，更多的是作为技术转让的管理部门和技术宣称的平台；而美国大学的技术转移办公室跟学校有紧密的联系，但是具有独立的法律主体地位，其日常运营经费的很大一部分来自于经营大学的专利许可证贸易。需要具体分析专利转让的市场价值，参与具体的专利许可证贸易。

② 关于"推广应用效益显著专项奖"制度的设立对于促进清华大学科技成果转化方面的意义、经验总结等方面的研究可以参见吴荫芳、杨杏华（1991，1999）的研究。

讨论会上，高景德校长针对科研管理分散、难以形成各院系的力量的问题对科研体制的改革提出了一些具体的措施。其中包括：建议在校内按系成立技术服务部，在校外按地区成立不同形式的技术服务部或科研生产联合体。有些地区，比如海淀区，建议进行校区全面合作，实现成果转让、成立联合体、开发技术密集和知识密集的行业以及人员的交流互动（20120929W_1）。总体上说，科技开发部的职能定位是与技术转移相关的服务与管理机构，它本身并不参与具体的技术转移实践活动。为了适应经济建设的发展，拓宽学校科技成果向生产的转化，以及弥补科技开发部只负责市场的开拓而不负责科研成果的经营的缺陷，1988 年，在国家教委的批准下成立了清华大学科技开发总公司。清华大学里有很多好的技术具有实现产业化的潜能，但是又没有人购买或者是很难找到对接的企业进行投资开发。科技开发总公司的成立实际上是将科技开发部的一部分人员调出重新组建而成的，再将其余的科技开发部的人员并入科学研究处①。科技开发总公司成立以后，学校的科研成果转化成生产力有了具体的经营机构。1988 年 12 月，清华大学科技开发总公司机械—电子公司成立，公司负责机电一体化相关和计算机新技术方面的产品开发、生产和销售服务以及国内外贸易。随着学校知识产权数量的增加，学校的知识产权包括专利、商标（校名、校誉）、版权等知识产权类型，知识产权的管理更加专业化，因而又成立了“知产办”，专门负责管理专利、商标等知识产权。后来，科研院将原来的成果办公室、专利办公室、知识产权管理办公室整合，成立了成果与知识产权管理办公室，统一负责成果申报和鉴定、知识产权维护、科技奖励、科技评价等。

20 世纪 90 年代，清华大学提出建设“综合性、研究型、开放式”大学的办学思路。学校大力拓宽国际学术交流和海外科技合作，学校成立了国防工作领导小组，为实现国防现代化，1997 年，在科学技术处增设了军工办公室；2003 年，在科研院②成立了军工部，加强国防科研和国防科技的人才培养与管理工作；2000 年，科学技术处成立了国际科研项目办公室，随

---

① 1983 ~ 1991 年，朱志武、王晶宇、吴荫芳先后担任了科技开发部主任。

② 经 2003 ~ 2004 学年第六次校务会议，决定将清华大学科学技术处撤销，成立清华大学科研院。希望科研院能够深入科研管理改革，根据世界科技发展趋势和规律，面向国家经济建设和国防建设、区域经济发展的需求，转变管理模式，调整内部职能，加强宏观管理等，以适应清华大学科技发展和建设成为世界一流大学形势的需要（2003 年 12 月 11 日）。

着与海外政府和企业的科技合作项目的增多、规模的扩大，发现国内的企业和国外的企业存在很大的不同，使用的法律也不一样，因此，有针对性地成立了海外部，2003 年，发展为海外项目部。科技开发部和海外项目部主要面向市场和企业，只是一个负责国内一个负责国外。

技术转移的发展实践表明，建立一些重点的、专门针对加强与国内外有影响力的大型企业合作的机构，对成果转化很有利。1995 年，又成立了清华大学与企业合作委员会①。由委员会派出联络员与成员企业保持经常性的密切联系，向成员企业有选择性地介绍学校的科研成果信息，同时也了解企业的业务、研究和技术需求。合作的方式包括：技术改造、科技攻关、成果转让、人才培养。人才培养是大学知识向企业输送的主要方式，比如与国内的一汽大众集团、东风集团、上海大众、宝钢等大型国有企业建立联合培养研究生的合作，具体到招生培养、毕业就业到研究开发和继续教育方面的全方位合作。另外，与国外的美国通用汽车公司、IBM（中国）公司、摩托罗拉（中国公司）、日本松下电器公司和日本三菱半导体公司等著名企业在人员培养和科学研究上开展合作。“校企合作委员会”成员企业 150 多个，与全国 22 个省、市、自治区签署了合作协议②。

随着学校技术转移活动的多样化开展，科技处的内部科室、科技处与科技开发部的关系不断发生变化，也出现了许多新的组织部门。这些变化都是发生在组织机构内部的，而它们的核心职能是面向市场和管理。清华大学许多好的技术具有市场开发的前景，但是由于社会企业承接能力较弱，导致这些技术很难转化为生产力。但是，国内校办企业发展势头迅猛，清华大学发现这些成果也可以由自己实现产业化，当时学校也没有专门负责经营的实体部门。因而，1993 年科技开发总公司发展成为清华紫光集团，由张本正出任总裁，成为清华大学历史上第一家综合性的校办产业，设立的初衷就是要将大学的科技成果产业化。科技开发服务部的原有职能继续保留。之后，1994 年 8 月，清华大学成立了清华科技园，科技园内设有“创业园”，鼓励包括海外归国人员、清华学子和有创新精神的毕业生和高年级学生等入园创办企业，使创业企业在创新环境中得以加速成长并取得

① 其职能相当于企业家俱乐部，与麻省理工学院的 TPO 功能类似。在访谈的过程中了解到，清华大学的技术转移机制与麻省理工学院目前的技术转移机制非常相似，分别是两所大学按照自己的发展需求摸索出来的，到了后期科研机构人员在互访的过程中才发现其有惊人的相似。

② 王大中校长在第十五次全校科技工作讨论会开幕式上的报告（2002 年 12 月 3 日）。

成功。清华科技园成为清华大学科技成果转化和高新技术企业孵化的重要基地。在清华紫光发展成为专业化的校办企业后，发现学校在技术转移方面除了管理部门，还是缺乏相应的经营技术转移的实体部门。可见科技开发部在负责大学成果技术转化方面具有重要的作用，它既是技术转移的管理部门、又是技术转移的信息窗口，同时，它本身还具有较强的衍化能力，通过衍化出其他的实体可以实现经营的职能。因而，如果将来中国大学想成立类似于美国大学技术转移办公室的组织机构，最有可能是从科技开发部演化而来，在必要的情况下，再次实现法律主体的独立和自负盈亏。但是，要做到这一点需要国家建立起完善的产权机制。

清华紫光成立后变成了专业化的公司，科技开发部还是需要有一个负责技术经营的公司，于是 2002 年 6 月成立了科威国际技术转移中心（以下简称科威）。最早也是由科技开发部的老师出去负责科威的运营，是国内最早设立的以市场化的方式运作的国际技术转移和技术商业化服务机构，类似于孵化公司。科威的定位与科技开发部不同，通过对产业的了解，开拓更多的客户，并且参与到具体项目的运作中去。比如，科威发现工物系和核研院有放射线处理污水的技术，他们就会去挖掘其商业价值，了解哪些企业有需要这方面技术的，就去找这些企业具体谈判，而科技开发部不会就具体的项目去一一谈判。科威在这方面的职能类似于英国牛津大学的技术转移集团（ISIS Innovation）的做法。ISIS 是牛津大学唯一的技术转移机构，学校所有的技术都要通过 ISIS 进行转化，ISIS 负责帮助牛津的研究者将自身的专业知识推向市场，以及为公共和私人部门的组织提供专业的建议，维护客户、研究者和大学的利益[①]。科威在发展的过程中也面临许多制度上的障碍，比如科威与学校之间的关系，而这方面 ISIS 与科威不同的是，ISIS 是牛津大学的全资子公司。科威从清华大学科技服务社会体系中的一个组织，发展成为一个专业的经营性实体。

科威在国际技术转移方面也有自己的特点，其负责的国际技术转移与科研海外项目的国际技术转移业务有所区别，后者主要负责将清华大学的技术成果向其他国家转化。而科威承担的国际技术转移主要有两个任务：①国际技术的引进。例如，国内企业到清华寻求技术支持，如果清华不能满足它们的要求，通过深入调研企业的实际需求，依托科威的国际渠道，

① 王宇：《大学技术转移模式浅谈》，（科技风）2011 年第 5 期，第 210－211 页。

精准寻找匹配技术，帮助企业引进技术来解决问题。②促进技术转移领域的国际合作与交流。很多学校的项目与国外大学有合作，在合作过程中，除了人员之间的交流，更重要的是科技的交流。科威为技术转移的合作提供平台。目前，科威已经成为具有独立法人资格的企业，承担清华大学国际技术转移中心的商业化运作，是国内最早设立的以市场化运作的国际技术转移与技术商业化服务机构。

四、校办企业的发展和产权改革

20 世纪 90 年代初，在我国大学技术转移的历史上出现了一种独特的“校—企”技术转移模式——科技型校办企业。在某种程度上，这类科技型校办企业兼具衍生企业和创业企业的特质。它以企业为主体，以市场为导向进行“校—企”技术转移，但是投资方来自大学。大学以“科技资源”为核心吸引企业的资源方式，与西方国家以企业资源为核心吸引科技资源的方式殊途同归。

1985 年以前，知识产权制度还没建立起来。学校对资产的管理也没有区分无形资产和有形资产。到 20 世纪 90 年代中期，国家出台了若干有关产权界定和资产评估的政策法规，其中的核心原则是“谁投资，谁所有”。1985 ~ 2001 年，经历了从校办工厂到校办企业的发展，这个时期，校办企业的全部资产属于国家，其终极产权人其实是国家；2001 年以后，国家开始规范校办企业，主要是进行大学与企业之间的产权清理。校办企业的改革，其实是“校—企”分开的历史过程。主要目标是理清校办企业和学校之间的资产关系，构建新的产权结构，实际上是重新构建了校办企业、学校、政府三者之间新型的契约关系。之后，大学逐渐从直接投资办企业中脱离出来，通过资产经营公司的方式投资大学的科技成果转化和产业化。现在，“校办企业”的概念已经逐渐弱化，但是可以将校办企业看作是衍生企业在我国出现的一种独特的组织模式，而大学技术转移依托校办企业的平台，也与我国所处的制度环境有关。

全国校办企业的发展可以分为三个时期：①校办企业的前身是校办工厂；②改革开放初期至 20 世纪 90 年代中期的蓬勃发展时期；③2001 年以后，国家开始规范校企改革。清华大学校办企业的发展也可以大致分为三个阶段：①1985 年之前主要以校办工厂为主，这时的校办工厂虽然承担一些生产任务，但是其主要的功能是学生实习和锻炼的基地，或者为实验室提供场所；1985 年，国家实行科技体制和教育体制改革。②20 世纪 80 年代初，校办企业是大学技术转移的主要平台，媒体的报道中曾夸张地形容，在清华大学校内“推开一间教研室就是一个公司”（$20111030D_1$）。1985～1998 年，校办工厂有的转变成为独立核算的全民制企业单位；有的实行股份制改革，向现代企业的模式转型。同时，科技型校办企业也在此期间发展迅速。③20 世纪 90 年代，清华大学制定了许多关于校办企业的政策[①]。

校办企业这种组织形式其实模糊了企业和学校两种组织形式。2001 年起，在国务院的领导下，教育部等中央 10 部门共同制定了大学校办产业体制改革和规范化改革发展的方针政策。国家对校办企业进行规范管理，2002～2004 年，首先以北大、清华为改革试点[②]。2002 年，科技部和教育部提出建立校办企业的投入和撤出机制，授予现有的校办企业国有资产管理权[③]。在校企改制和规范管理的进程中，2003 年 6 月，清华大学向教育部、国资委上报清华大学控股有限公司的《组建方案》。同年 9 月，清华大学企业集团改制，成立了清华大学控股有限公司，是清华大学独资的国有公司。自此以后，学校所属院、系及其他下属单位不得再以任何形式从事投资经营活动。除学校资产经营公司外，今后其他校办企业原则上不得冠用校名。2005 年，国家开始将清华、北大校办企业改革的经验推广到全国其他高校。

校办企业的改制和规范的主要目的是“校—企”分开，使校办企业向现代企业转型，清理校办企业与学校之间的财产权关系；将学校从直接参与市场活动中剥离开来。其实就是让“企业回归企业，让学校回归学校”。具体的工作内容包括：

（1）清理系办企业。20 世纪 80 年代初出现的那种“推开一个教研室就是一个企业”，主要就是系办企业。那时系办企业种类繁多，有些企业冠用

---

①《清华大学校办公司管理的若干规定》（1993 年）；《企业集团财务会议管理制度（暂行）》；《清华大学校办企业申办的审批流程》（1998 年）；《清华大学经营性国有资产管理的若干规定》（1995 年）；《清华大学非经营性资产转经营性资产的申报、审批管理办法》（1995 年）；《关于校内科技企业的建立、撤并和人事任免程序的有关规定》；《清华大学校办产业管理规则》（校办企业的申办审批细则）（1998 年）；《清华大学经营管理办法》等。

② 国务院批准了由体改办、教育部、国家经贸委等九部委制定的《关于北京大学、清华大学规范校办企业管理体制改革试点指导意见》。

③《关于充分发挥高校科技创新作用的若干意见》第十六条。

了“清华大学”之名，但是与院系之间并没有形成实质的关系。但是，清华大学却在法律上为企业承担无限责任。1993 年，学校出台《清华大学校办公司管理的若干规定》，开始对校办企业进行处置，处置的方式就是“撤销、合并和改制”。根据规模和发展前景，条件成熟的系办公司可以升级为校办公司，或者列为“计划单列”的公司；系、所、院、部、处原则上不再办企业，已有的“系管企业”原则上不再新办子公司和参与新办具有独立法人地位的企业。

（2）1995 年 8 月，经国家教育部、国家经贸委批准，清华大学对校办产业的经营管理体制进行了重大的改革，撤销了产业管理处，成立了具有独立企业法人地位的高科技企业集团公司——清华大学企业集团。成为清华大学校办企业的主管部门，以后申办校办企业全由企业集团负责审批。2002 年 8 月，清华大学企业集团制定了系办企业的《清理、撤并、改制系办企业的工作报告》。打算“撤销、退出和改制”43 家系办企业，预计到 2004 年完成。清华大学企业集团依托清华大学的科技和人才资源，负责全校经营性资产的投资①、从事学校可经营性资产的经营管理和投资运作以及科技成果的产业化工作。组织形式是由学校派出的董事会领导下的总裁负责制。

（3）清华大学在企业冠名的管理、劳动人事关系、校领导兼职、企业住所。

（4）校办企业地址的迁移。1994 年筹建清华科技园，学校开始着手规划校办企业从学校中心区迁出，搬至清华科技园或北京郊区的工业园区，让“校—企”在地理区域上实现分离（20130117T）。

清华大学企业集团的基本任务中包括进一步清理“校办企业—学校”的资产关系，理顺投资关系，探讨校办企业集团的管理模式。与一般企业不同的是，校办企业兴衰存亡的关键是科技成果的技术转化效果。清华大学企业集团的建立，符合国家提出的建立以“企业为主体”的技术转移体系的要求，也是清华大学技术转移活动制度化的结果。企业集团管理按照“产权清晰，权责明确，政企分开”的原则，在企业申办、停业、撤销、合

---

①《清华大学非经营性资产转经营性资产》（1995 年）所指的非经营性资产包括流动资产、固定资产和无形资产，这些资产用于开办经济实体时，需要进行可行性论证。一次性投入总量在 30 万元及以上的资产或涉及房地产投资的，须提交校务会议审议。

并中负责经营性活动的重大问题的管理。

校办企业是衍生企业在中国的一种特殊表现形式。企业投资的主体是高校。中国校办企业的改革，是学校和企业之间产权结构的梳理，同时也包括对无形资产的处置。现在校办企业的称呼虽然逐渐淡出历史的舞台，然而这段独特的技术转移的经历在中国大学技术转移道路的探索上具有举足轻重的地位。产权理论认为产权模式的塑造具有路径依赖的特性。对大学知识产权归属模式的选择并不是凭空而生，或者直接移植“Bayh - Dole 法案”就可以生根发芽的[①]。知识产权归属模式的设计首先是为了满足大学技术转移的需要。我国高校、院系创办的校办企业，在利用学校知识产权上采用的是一种较为模糊的处理方式。因而，可以这样理解，在我国大学技术转移的历史过程中，参与技术转移的行动者对知识产权的所有权归属模式是怎样的并不重要。如果是国家所有的知识产权，大学要成立企业进行转化时并不难获得使用权；如果是大学所有的知识产权，院系要单独成立企业时，也并不难获得对大学拥有的知识产权的使用权。但是，随着市场经济的发展，校办企业与大学之间的这种产权不清的关系，始终会影响到大学和企业两者的核心功能。校办企业实际上是让高校直接参与到市场经济活动中来，我们并不反对高校进行投资获取经济收益，但是这与直接参与市场经济活动是有差异的。高校作为一种组织机构，其本质是非营利性的。中国大学的技术转移的探索过程实际上是将高校从直接参与市场活动抽离出去的历史。

① 这里的意思是模仿其他国家的知识产权归属模式能够提高我国大学技术转移的效率。

第五章　大学衍生企业：技术转移过程中的产权关系及其问题

第三章和第四章分别探讨了计划经济时期和制度转型期，我国大学知识和技术流向生产和应用领域的方式和特点。在制度变迁的过程中，中国的产权结构发生了明显的变化，也激励着大学在技术转移途径上不断探索。伴随着制度转型和改革开放政策的实施，知识产权制度建立起来，知识和技术的价值通过产权的保护得以体现。在大学的技术转移过程中，成为有偿转让的对象。校办企业的快速发展是我国大学直接参与市场经济活动的体现。但是，随着市场经济的进一步发展，校办企业这种技术转移的模式暴露出许多弊端，最主要的是造成了大学与企业之间产权的不清晰，包括校办企业在利用学校技术成果上的合理性、合法性问题，在利益的分配机制上也没有明确的管理办法。随着市场经济体制的进一步发展，国家建立了校办企业的退出机制，将大学从直接办企业的模式中剥离出来。

国家对校办企业进行规范性整理后，大学技术转移呈现出多元化的发展趋势。但是对于大学所承担的国家重大科技项目的科研成果的商业化路径选择，由于国内大企业长期以来缺乏创新动力，具有创新活力的小企业又存在技术综合吸收能力较弱的缺陷，在承接复杂性和综合性特征的大学科技成果的产业化方面表现出不足。因而，由大学成立衍生企业成为国家重大科研项目成果产业化的合适选择。衍生企业与校办企业的区别在于，学校并不是直接投资的主体，而是以知识产权（或知识产权作价为资本）为纽带，重新建构投资方（政府）、项目承担者（大学）、衍生企业、发明人（科研人员）、大学科研管理人员、纳税人（公众）等相关利益行动者之间的技术转移网络和产权利益关系。本章在清华大学衍生企业发展的具体案例分析的基础上，讨论了衍生企业的成立、发展和差别，以及衍生企业在技术转移中存在的知识产权问题。

第一节　重大科研项目技术转移的路径选择及知识产权问题

技术转移包括直接的转移和间接的转移，正如波兰尼所说的知识转移分为显性知识的转移和默会知识（Tacit Knowledge）的转移。专利和专利技术的转让是大学显性知识的转移，而研发合作科研合同和咨询主要是通过默会知识进行转移。学术界在创办新企业时对他们不熟悉的领域兴趣不大，会选择研究合作或者是咨询合同这种他们比较熟悉的商业模式，而基于专利建立衍生企业的技术转移路径则伴随着更加复杂的商业程序。

有学者认为，一流大学一般会基于科研成果有重点有选择地自己创业或者是成立衍生企业，而二流大学会选择转让技术给现有企业。当然，并不是所有的技术都需要通过成立衍生企业来进行转移。是否成立衍生企业和成立衍生企业的可能性受多方面因素的影响，比如技术的复杂性、社会企业的承接能力以及历史的机遇等。但是对于一些重大科研项目的技术转移，成立衍生企业、学校自行进行转化的方式确实是非常有益的。

一、“带土移植”的衍生企业：大型集装箱检测技术产业化的路径选择

“大型集装箱检测系统”是清华大学承担的“八五”科技攻关项目。科研成果针对海关打击走私。项目完成后，获得了多个核心专利和其他自主知识产权。清华大学试图将技术转移给社会企业进行产业化，在发现社会企业不具备承接这项复杂的科技成果后，决定由学校成立一个企业，以企业为主体自行转化。于是在 1997 年成立了清华同方核技术有限公司，获得清华同方 3000 万元的风险资金。公司成立后，聘请了参与集装箱检测系统项目的主要技术骨干、青年专家在公司里担任具体的职务，由科研人员亲自参与产业化过程。到目前为止，企业平均每年以技术许可费的方式回报给清华大学 4000 万元，这是清华大学所有的技术转移回报中最高的。而项目本身的成功，也成为探索大学技术转移的经典案例。

本节全面分析了大型集装箱检测系统产业化路径选择的过程，包括为什么要成立企业、成立什么样的企业，以及着重分析了如何通过知识产权的利益分配来处理企业和清华大学之间的关系。由于“大型集装箱检测系统项目”拥有许多专利，而项目本身是国家资助的重点科技攻关项目。对于这个案例的分析，有助于我们理解政府资助下具有知识产权成果的技术转移的路径选择，知识产权在这个新的组织中是如何发挥作用的，以及如何维持技术转移社会网络的组织稳定性。大型集装箱检测系统产业化是清华大学在科技领域中运用专利战略的典型案例。这个项目也符合政府 R&D 投资项目中的主体多元化、跨组织分工合作、不确定性和创新性较强的特征。对我国高校技术转移而言，与其说是通过知识产权的归属模式来影响技术转移的效率，不如说是技术转移的实践不断地塑造着知识产权归属模式的变化。

20 世纪 90 年代，高校的科研工作要面向国家经济建设，既要重视原始性创新的基础研究，又要重视基础研究、应用研究与科技开发三者关系的协调。对于还处于转型期的中国，高校与企业合作办企业的运行机制还不明确。大型集装箱检测技术的研制和产业化正是在这样的背景下进行的。清华大学所承担的国家重点项目“大型集装箱检测系统”完成后，需要进一步实现产业化。在探索了若干技术转移的方案后，最终选择了连同核心技术人员和科研成果一并转移的方式成立了清华同方威视股份有限公司（以下简称同方威视）。这种方式被称为“带土移植”。同方威视的出现在当时代表着一种新的组织形式和新的企业结构，同时也塑造出一种新的技术转移社会网络模式。

笔者多次访谈参与大型集装箱检测系统产业化的相关人员（包括清华大学科研管理部门的负责人，他们是产业化方案的设计者、管理者；以及直接参与科研项目的骨干科研人员，他们除了参与科研攻关，后续还参与到直接的产业化活动中，目前也是同方威视的高层管理者）。综合被访谈人反馈的信息，了解到清华大学选择“带土移植”衍生企业的模式进行科技成果转化，是从不同的技术转让方案中“选择”的结果，经历了不同的参与者之间的磋商、争论，直到最终方案的确定。

（一）“大型集装箱检测技术”研发的历史背景

20 世纪 90 年代初，改革开放政策将国门打开已经有十余年，走私在我国沿海港口城市的情况很严峻，尤其是通过集装箱运输的走私。当时朱镕基总理很关心国家打击走私的情况。为了提高国家打击走私的效率，提高集装箱检测的技术水平是关键。当时除了不开箱的高能射线透视成像技术，没有很完备的手段去检测集装箱内部。中国海关迫切需要大量高技术、高性能的集装箱检测系统。对于我国要不要立项进行集装箱检测领域的技术攻关的问题有许多不同的意见。在20世纪90年代初期，我国在世界集装箱检测行业还处于新手阶段，对我国是否能够研制出可实际应用的集装箱检测装备许多人持怀疑态度。有人认为应该从国外全面引进这项技术；也有人认为即使立项研究，也要以引进国外技术为主，走购进技术或合资的道路（20121128C）。

当时，清华大学正面临着经费缩减和科研经费不足的情况，工程物理系也是如此。由于20世纪80年代末期到90年代初期，国家逐渐减少用于核技术方面的科研经费，核技术的发展处于青黄不接的时候。1991年，中国决定加入国际《不扩散核武器条约》，于次年正式生效。但国家对于核能的发展政策并不明确，同时，又受到军用和保密的限制，以往的许多研究成果不能转化出去，尘封在实验室里。清华大学工程物理系也正处于一个低谷时期，全系总的科研经费只有100万~200万元。

但是，清华大学已经在核技术领域应用辐射源辐射成像方面有一定的科研积累，是否能够用于集装箱的检查系统还需要进一步的研发。据《新清华》报道，1991年，核研院的安继刚研究员、工程物理系的王经谨教授、物理系的林郁正教授联名给张孝文校长写信，建议清华大学开展集装箱检测系统的研发。他们指出，“这是一项很有前途的高技术研究项目和产业……国外市场潜力也很大……我们迫切希望联合起来，为清华的腾飞多做贡献”。提议获得了学校的支持，由这三个院系联合立项的大型集装箱检查系统组成了国家“八五”科技攻关小组：核研院负责探测器方面的研究，工程物理系负责图像处理的检测系统，物理系负责加速器的部分（现在加速器的研究已经转由工程物理系负责）。在项目的总体方案中，核研院是项目的技术负责单位，工程物理系是项目的组织单位，但是三家单位是互相依赖的关系，你中有我，我中有你。大型集装箱检测系统是个综合性的技术，由“核心技术+通用技术”构成，是以辐射成像技术为核心，集电子技术、计算机技术、信息处理技术、控制技术、精密机械技术于一体的大型高科技产品。核心技术的技术专有性强，由工程物理系承担与核心技术有关的重要任务，包括核技术、电子学、探测器、加速器和图像处理、高能摄像、微波、液压、探测、辐射成像等方面的研究；而通用技术，如机电控制、机械制造、控制系统、计算机网络、软件等，这些工程物理系不擅长的外围技术，需要依靠学校其他院系的合作或社会上的力量完成。

在研发阶段，课题组认真研究了专利战略。项目开展早期，通过“查新”，检测大型集装箱检测系统相关专利文献，了解知识产权的信息，避免重复研究开发和有限资源的浪费，同时也提高了自身技术的创新起点，保证了研究项目的质量。后期，及时将其核心技术申请了六项高水平的专利。除了申请核心专利，还建立起外围的专利网，以达到有效保护科技成果，控制专利技术市场，夺取和保持在国内外该项技术发展领域的竞争优势。

（二）技术转移路径的选择

在项目进入尾声时，通过了教育部组织的专家鉴定会。鉴定时仅有一个科研的原型系统，用一个钢丝绳拖着一个小箱子（也不是正规的集装箱），通过探测器成像。鉴定专家认为科研原型已经达到技术完备状态，技术水平达到国际先进、国内领先水平。1996 年，项目通过了国家科委、国家计委和财政部的联合验收，还获得了国家“八五”科技攻关重大成果的奖励。让中国成为继当时英国、法国、德国之后第四个掌握有关大型集装箱检测关键技术的国家。当时，主管全国科教文卫和海关的国务院副总理李岚清来清华大学视察了“大型集装箱检测系统”的科研原型机后，觉得这个技术很重要。之后，他又接连三次到大型集装箱检测实验室视察工作，并做出七次重要的批示，要将科研原型机做出成熟的产品供海关使用，并且决定将这个项目做成科技成果转化的样本。项目验收后，国家和学校都希望能够尽快将科研成果应用到实际中去，供海关使用。但面临技术转化方案的问题时，学校和项目组再次陷入激烈的辩论中。

根据学校以往科研成果产业化的经验，通常有两种方案可供选择：①通过签署技术转让合同，将大型集装箱系统检测技术的产业化交由社会企业来运作，学校通过技术转让费用/技术入股的方式获得利益的偿还；②由技术的持有方自己投资进行生产。两种不同的技术转让方案，会形成不同的技术转移网络。而方案的选择，是由已经存在的直接影响网络形成的因素决定的。在这些条件的限制下，选择哪种网络在决策者那里会逐渐明朗。但是要确保产业化能够顺利实现，必须保证新的网络中组织具有稳健性的特质。我们首先按照产业化选择的路径，分析如何最终走向自行成立企业的方式实现技术转移方案。

1. 方案一：将产业化交给社会企业

面对国家打击走私的迫切需求，从学校到项目组都很希望能够尽快将技术转化出去形成产品。学校的领导也非常重视如何实施转化，屡次开会讨论技术转让的方案。最初，学校希望能够在社会上找到合适的企业来承接这项科技成果产业化的任务。学校组织了清华大学企业集团总裁荣泳霖、科技开发部主任吴荫方教授和财务处的副处长刘贵，一起商讨技术转让的方案，并根据当时知识产权的评估方法（成本法、收益现值法、现行市价法）制定了技术转让后的预期收益评估报告，以此作为商谈的资本，用于招商引资中吸引社会企业。在缔结合同的阶段，会有不同的社会企业暂时进入这个技术转让的网络。在一年多的时间里，学校找到了许多的商业合作伙伴进行谈判，但谈了多次都没有成功。

将一个技术综合性很强的科研成果开发成产品，投资大、风险高，不是投入几十万元、几百万元做技术加工那么简单，而是需要几千万元的风险资金的注入。由于历史的原因，我国的科技资源大量聚集在高等院校和科研院所这些知识创造者手里。而本应作为技术创新与知识应用主体的社会企业则缺乏技术创新和吸纳科技成果的动力与能力。由此造成大量科技成果难以有效地转化为现实生产力。企业的鉴定和利用外部知识的能力被科恩·韦斯利等称为公司的吸收能力（Absorptive Capacity），是影响知识从大学向企业迁移的重要原因。而社会企业吸收能力的培育是需要时间和成本的。由此，在缔结合同的阶段，许多企业与清华大学商谈过之后，对于这个科技原型设备能否形成真正的产品，没有信心，谈了几轮下来都没有达成技术转让合同。由于技术本身的综合性和复杂性特点，具有要求企业自身创新能力的高技术门槛，不少社会企业缺乏技术力量，因而社会企业作为“二传手”的力量较弱（20130604W_2）。技术本身的复杂性，给学校在寻找社会企业达成技术转让合同这条途径上带来了困难。

2. 方案二：引进国外设备

另一部分人主张购买国外的设备。当时，在美国和英国已经有两家企业能够生产集装箱检测系统设备。他们认为，购买国外的技术通常是“钥匙工程”，技术引进后，配备相关的人员便可以进行生产；相反，购买高校的技术存在很多的缺陷，如技术不成熟以及配套性差。高校的技术往往只是攻克了核心的技术难关，但是其他的配套技术配备并不完善。

从用户方面来说，海关是“集装箱检测系统”的直接用户，如果他们

可以在购买国内设备和国外设备中做出选择，一般会倾向于后者。20 世纪 90 年代初期，海关愿意花高价购买进口的检测设备，一方面，购买国外的设备可以出国考察，这对当时刚刚实行改革开放的国人来说具有较强的吸引力；另一方面，对高校做出来的科研原型产品，能否发展成成熟性和稳定性都可靠的商品，海关作为使用者持怀疑态度。

清华大学的科研实力毋庸置疑，科研成果的表现也令人满意，“大型集装箱检测系统”的原型机也通过了专家鉴定。高校科研原型机要成为商品，进入流通领域，首先需要满足合格商品在质量上、维护上、稳定性上都过关的要求。海关总署不太相信从高校实验室研究出来的成果可以在实际中使用。即便是技术上过关了，但是安置在关口上的集装箱检测系统，必须要保证设备能够 24 小时正常工作。按照以往的经验，使用高校的科研成果最大的问题，是在招商以后如何维护产品的稳定性。在使用学校技术成果的过程中，还存在“二次小定型”的问题。即在实际的应用中，如果产品出现了问题，如坏了或者有些零部件不工作了，都需要维修，这时需要产品交付方的技术指导才能解决。而集装箱检测系统项目组的教授或研究人员能及时进行售后服务吗？这显然是不现实的，课题完成并交付以后，教授可能进入新的研究领域，或者正在上课不能来；而且参与这个科研项目的研究人员已经解散了，参与的研究生也已经毕业了，很难让他们再来到现场。其后果是设备出现故障，没经过检查的货物就不能通关，在海关滞留造成流通不畅。

另外，产品的稳定性还包括在发生纠纷时有一个可以确定的追责对象。即使海关决定安装清华大学的设备，也签订了技术使用合同，但是这个合同具有“契约不完备性”的特征。清华大学作为高等学府，其首要任务是培养人才和科学研究。假如清华大学交付的设备出现了问题、存在瑕疵或者有合同履行不全的情况发生，海关也很难通过法律的渠道来追偿清华大学的责任。必须要有一个实体的公司出现，来承担商业上的纠纷和风险。将来如果真的出现问题，海关可以找公司索赔。并且，公司负有对海关使用的设备进行维护的义务。因此，对于海关用户而言，学校交付出来的不能只是一个简简单单的科技成果，而必须是一个成熟的商品，包括完备的商业化运作体系、良好的售后服务和保障，必须确保产品在使用过程中的万无一失，否则海关就是想用也不敢用。

3. 方案三：成立衍生企业，自行转化

面对社会企业承接技术能力较弱的困难，用户方面的疑虑，和可能选择购买国外设备的情况，学校最终决定成立企业，自己进行产业化转化。在决定以什么样的方式建立衍生企业时，清华大学也做出了谨慎的考虑（20121128C）。20 世纪 90 年代初期，国内还曾出现校办企业无序发展的现象。有一段时期，清华校内出现了许多公司。当时工程物理系也有一家叫“华海”的企业，主要是做“核子秤”等产品的，曾经被评为“中关村十大明星企业”。但是华海在 1996 年却宣告失败了，企业衰败的原因，看似由于它与工程物理系之间的利益关系没有协调好，其根本原因是技术转移网络的稳健性机制没有建立起来。当时，华海的董事长由工程物理系的系主任兼任，但是由于它是系办企业的性质，董事长只是名义上的。华海与工程物理系之间并没有建立起实质性的长期合作关系。对于以技术为核心的企业，随着环境的变化，其技术要做出周期性的设计或者数量上的改变，否则会随着技术更新换代的速度被淘汰。一方面，由于华海缺乏对技术的保护，全国也出现了多家的企业仿制核子秤，使得华海失去了原本的核心竞争力；另一方面，华海从院系里面获得技术支援后，没有建立有效的回报机制，每年给系里的回报很少，工程物理系也认为华海并不是系里的核心支柱，慢慢对华海的支持也就越来越少，造成了系里对于华海的支持只是一次性的。随着技术更新换代，华海失去了来自系里进一步的技术支持。失去了核心技术支持的华海，最后只能做一些简单的复制，这给华海在发展的后期带来了许多的压力。

华海的例子说明，大学衍生企业的核心技术源于大学，但是必须与大学建立一种互利双赢的机制，而不是追求短期效益，尤其是高科技企业或者是产品的技术含量高的，脱离了大学的后续技术支持，会带来技术更新换代的困难，最终走向落败。在这个失败的案例中，华海实际上与工程物理系之间建立的是一种“一次性契约”关系，也没有通过其他的短期契约解决适应性和连续性的问题，最终也由于技术转移网络机制的不稳健，使华海走向了失败。

4. 方案四：新的衍生企业模式：“带土移植、回报苗圃”

由于华海的失败，清华意识到技术转让并不是一次性的行为，应该通过某种组织模式使技术、技术的拥有方和技术的接收方之间形成一种较为密切的网络模式。1997 年 6 月 25 日，清华同方在上海交易所上市，由当时

的梁尤能副校长出任清华同方的法定代表人（董事长）。梁尤能副校长毕业于清华大学工程物理系。为了使“大型集装箱检测系统”在技术转化的过程中保证技术的延续性，清华同方决定注入3000万元风险资金，成立“清华同方核技术分公司”，专门用于将“大型集装箱检测系统”发展到成熟产品后供海关使用。当时，学校决定将参与研究的专家学者直接抽调到清华同方核技术分公司来，由当时的科研项目负责人康克军教授出任公司总经理并总体负责大型集装箱检测系统产业化项目。清华同方从校内抽调了一批核技术专家到企业内担任管理和技术骨干，或者作为兼职专家，提供技术保障。在编制上，研究人员还属于学校，保留学校的教职，等产品成熟以后再回到学校。“带土移植”，所带的“土”是指连同技术和参与科研工作的骨干力量一起转移到企业中，投入到产业化工作中。所谓的“土”，不仅指现成的土，还包括以后生成的新土。同时，也可以依托清华同方庞大的销售团队优势，在企业的管理方面迅速地成长。至此，通过同方威视建立起了技术的拥有方和技术的使用方之间的融合点。有了实体的公司，打消了海关作为用户的疑虑。1998年，国家海关总署做出决定，在三年内向清华同方定购十套同方威视固定式系列大型集装箱检测系统，分三期装备十个海关口岸，同时向清华同方预定第一套移动式集装箱检测系统。1998年11月，国家海关总署与清华大学签署了《关于海关装备集装箱检测系统的合作备忘录》，并与清华同方签署了一系列商务合同。至此，集装箱检测系统的产业化工作正式进入了市场应用阶段。1999年分别研制成功了世界上第一套“以加速器为辐射源的车载移动式”和“组合移动式”集装箱检测系统。

再次比较华海和同方威视这两种技术转移的模式，可以发现，华海式的衍生企业是直线式的技术转移，而同方威视却形成了一个技术转移的社会网络。直线式的关系是一次性的，没有形成技术在不同主体之间的回流。而技术转移的网络结构的形成，是调动不同利益者之间的兴趣点、募集有效的资源的结果，并且形成了技术在网络结构中不同行动者之间的关系回流。随着网络结构的扩大，还能募集更多的社会资源，进一步增强网络结构的稳定性。这个技术转移网络结构的形成，吸取了华海失败的经验，同时在同方威视的成立过程中，我们也可以发现许多行动者其实存在“关系”或“身份”的交叉点，而这些也是决定新的网络结构能够稳定的因素。接下来，我们来分析大型集装箱检测项目产业化的衍生企业的方案。

（三）通过知识产权“共有”建立的利益分配机制

同方威视的成立是清华大学承担国家重大项目后，通过成立衍生企业的方式进行技术转让的重要模式。其中包含几个层次的利益分配关系：同方威视与清华同方、同方威视与大学/院系（技术拥有方）、大学与院系以及院系之间的利益分配问题。

同方威视与母公司清华同方之间的利益分配方式比较清楚，完全按照公司法人治理的结构来操作。以前同方威视是清华同方的全资分公司，随着后来公司的改制，清华同方目前是同方威视最大的参股方，两者之间的关系和利益分配按照股份制企业的架构来进行。同方威视具有独立的研发、生产、经营系统和市场营销的自主经营能力。在主营业务上，与控股股东清华同方差别较大，与清华同方及其控股、参股子公司之间不存在同业竞争。

同方威视与技术拥有方（大学与工程物理系）之间签订了核心技术使用合同。同方威视承诺，按照企业发展的规模和运营的情况，企业每年从集装箱检查的销售收入中拿出5%作为技术使用费偿还给大学，而大学在提取一部分管理费用后，大部分直接返还给技术的拥有方/研究方，用于学科建设和奖励对科技成果做出突出贡献的科研人员。而工程物理系将核心技术（包括技术秘密、技术原型、文档、专利等）独家授权给同方威视。在大学内部的利益分配方式是，合同额的5%作为技术使用费上缴大学，作为对大学前期科研投入的回报；合同额的相当一部分以横向经费的方式进入清华大学，委托清华大学工程物理系继续承担核心设备的制造任务。

技术使用费的比例和相关的使用方式也有所改变。同方威视每年支持清华大学开展科技创新性的研究占到企业年营业额的50%以上。2000～2007年，同方威视累计向清华大学工程物理系支付技术使用费2.3亿元。2011年，从笔者对同方威视的访谈中获知，近年来，这个比例有所下降。由于企业规模的扩大，同方威视每年实际支付的技术使用费是在增加的。原来是单一的技术，随着技术门类的扩展和申请专利的增加，按照销售收入来支付技术使用费，比例太高，企业的负担太重，工程物理系也认为这有失公平。新的技术使用费合同规定，要考虑企业的规模和利润，由此返还给系里的技术使用费百分比在下降，但是总的基数在增加。通常情况下，校—企合作进行成果转化时，大学会避免签订按照“企业利润”来获得技术使用费的条款。按照以往的经验，大学无法核实企业真实的利润收入，这会带来交易成本的增加。企业是否把其他的开支也计算在成本中，用于降低实际的利润，从而减少技术使用费的支出很难查清。而根据企业的实际销售额和企业的收入来计算则可以规避企业投机的风险成本。

同方威视在知识产权问题的处理上也进行了一些新的探索。通过查看与“大型集装箱检测系统”相关的授权专利，可以看到专利申请人产生了一些变化。成立企业之前，清华大学是唯一的专利申请人；1997 年，清华大学同方核技术公司成立后，清华大学和清华同方（母公司）是共同的专利申请人；而 2001 年以后，清华大学和同方威视是共同专利申请人①。实际上企业与大学之间建立了一种知识产权的“共有”关系，而这种知识产权的共有关系根据一次性的合同解决，无须以后每次都签订新的合同，这样既降低了交易成本，也形成了灵活的知识产权处理机制。大型集装箱检查测系统产业化的过程中，除了一些防御性专利外，绝大多数予以实施。对高校而言，除了重视产业化的成绩外，更为重视科研成果的评价和奖励机制。通过知识产权的共有方式可以保护高校未来从知识产权中获取的声誉。比如清华大学和同方威视共同申报的“加速器辐射源的移动式集装箱检测系统系列研制及产业化”获得了 2003 年国家科技进步一等奖，同年，“一种可组合移动的集装箱检测系统”发明专利荣获中国专利金奖。同方威视的成立，既保证了企业创造价值，获得最大利润，又实现了学校为高新技术创新能力提升，为国家和社会的发展做出重大贡献的使命。

总体而言，大型集装箱检测技术产业化的特点是，清华大学和新成立的企业联合进行，以企业为载体，吸收学校多项专利开发出具体的产品，实现技术转移。参与科研项目的科研人员受聘到企业中担任重要的职务（董事长、总经理或技术总监等）。并以销售收入的 5% 作为技术使用费回报给学校。同方威视在清华大学技术转移的历史探索中取得了瞩目的成功。

二、开拓新领域的衍生企业模式：华清农业的盐碱地改造

本小节所要分析的建立衍生企业实现清华大学技术转移的案例，是一

① 在实现产业化的进程中，为了更好地保护其核心技术、实现产业化，清华大学和同方威视先后共同申请了 31 项专利，知识产权所有权归属为“双方共有”。为了占据国内外市场，保持竞争优势，同方威视单独申请了 4 项国内专利和 7 项美国、澳大利亚等国的国外专利。

个正在进行中的案例。华清农业开发有限公司（以下简称华清农业），是2010年11月在北京注册成立的高科技类型企业，总部地址位于清华科技园内的创业大厦。公司成立是基于清华大学盐碱地区生态修复与固碳研究中心的核心发明专利“利用燃煤烟气脱硫石膏改良盐碱地”和其他专有技术，利用这些技术使我国盐碱地及各类边际土地实现大规模改良和综合利用。公司通过技术整合、资金筹集和其他社会资源的募集，建立专业化和规模化的盐碱地改良和农业全产业链管理平台。实际上是通过清华大学的专利技术成立华清农业，开拓了一个新的领域。本小节内容是在对清华大学科技开发部和华清农业的深度访谈基础上整理而成的。

中国在城镇化的进程中，核心问题是解决好农村问题，而农村问题的核心是土地和农民的问题。中国的农民很辛苦，但是收入却很低，农民在计算收入时通常不把自己的劳动力计算到生产成本里去。一方面，每个中国农民所占有的土地面积不够；另一方面，中国的农业基础太差，无法进行高效率的机械化生产。早在1995年，清华大学热能系就与其他单位合作，在国际上率先利用燃煤烟气脱硫石膏，对我国基本不长任何作物的碱化土壤进行改良。到2010年，已经改良的土地达到12万亩以上，覆盖了我国几乎所有的碱化土壤。范围覆盖黑龙江、辽宁、吉林、内蒙古、天津、宁夏、新疆等北方十个省区。

“利用燃煤烟气脱硫石膏改良碱化土壤”是清华大学承担的国家重大工程项目。早在20世纪90年代，“863”计划关于能源技术领域发展战略中，就提出利用燃煤联合循环和燃料电池，提高能源转换效率和降低燃煤污染物的生成和排放。燃煤脱硫技术及其相关方面的研究得到教育部“985”重大研究计划、国家自然科学基金等项目资助。成立华清农业，是为了让这项先进的技术成果普遍应用到农业生产实践中去。华清农业计划用十几年的时间至少改良1亿亩具有农业利用潜力的盐碱地，为国家新增5%以上的耕地，增加500亿斤粮食生产能力，并解决燃煤电厂2.5亿~3亿吨脱硫废弃物的污染和占地问题，增强经济可持续性发展能力，有效改善我国北方地区生态环境，推动农业现代化进程（$20121127L_1$）。华清农业试图通过改造盐碱地，在增加耕地使用面积的同时，增强耕地的品质，以此来提高农民的收入。比方说，假如有一个1万亩的农场，由十个农民就可以完成耕作。而一个农民正常情况下计划平均一年耕种1000亩地，而1亩地能打1200斤玉米，那么毛收入就是1200元。每个农民平均每年耕种玉米的收入就能达到12万元。要实现这个目标，首先要解决的就是土地问题，只有让农民能够在集约化和设施比较好的土地上进行高效率的耕作才能有效提高农民的收入（20130702L_1）。增加基础好的耕地，建立一些示范点引导农民，本身就是一项有意义的探索。而近年来，国家对食品安全的关注加大，增加高品质的耕地是解决食品安全问题的途径之一。与其花费很多的钱去修复现有的土地，不如让其休耕，通过盐碱地改造来获得干净、无污染的高品质的土地。

在谈及为什么要成立华清农业，而不是将专利技术转让给社会上的企业来做时，出于以下方面原因的考虑：①面临国家的重大需求，中国农业的风险承受能力普遍偏弱，盐碱地的改造过程中每个环节都需要严格控制。好的品质才能赢来好的顾客。如果不是由清华大学来做，而是通过技术服务外包给别的企业可能没有办法做到质量控制，因而会影响到最后的成果表现。②清华大学在盐碱地改造方面的技术已经成熟，并且在过去的15年间由清华大学负责的盐碱地改造的技术方案，已经改造出12万亩土地，具有技术积累的经验。③由于中国的土地非常分散，由社会企业或者个人投资者都没法完成土地的流转。④清华大学本身在社会上的认可度，决定了由清华大学来做土地的整合方面具有先天的优势。2012年，华清农业到内蒙古的冬不拉村，谈妥了430户农民的1万亩地，签署了土地使用协议。由于这些土地本来是荒芜的，已经没法长庄稼，农民将土地交给华清农业实施改造，还可以获得土地使用费；在进行工程改造的过程中，可以委托当地农民来实施，增加农民的收入。因而，430户农户同意让清华大学进行盐碱地改造的尝试（20130702L_1）。

另外，盐碱地的改造是一个综合的过程，存在许多工程的难题，不是一般的企业能够解决的。清华大学给出的盐碱地改造方案是，向土地抛撒一种具有专利技术的改良剂。但是需要找到合适的抛撒改良剂的机器，这就是工程中的一大难题。由于改良剂是成颗粒状的，以前用于施洒化肥的机器主要是喷洒粉末或者液体，因而在以往的农具中不能找到合适的。而中国农业的从业人员的水平普遍偏低，很难有资金和头脑去解决这项工程化难题。造成了在产业化的环节上，要么找不到合适的人，要么找到合适的人不能专职去解决这些问题。华清农业利用团队的力量，在全球范围内进行相关农业机械的搜索。后来找到美国的一家企业生产的在农场里面抛撒牛粪、石灰和沙子的机器可以用于抛撒颗粒状的改良剂。华清农业联系到这家公司在中国的总部，对方说运送机器的时间接近三个月。而农业的时效性很强，华清农业决定再组织团队的力量搜索国内是否有人已经购买过这台机器。最终，在河南一家科研院找到了，双方谈妥了租赁合同。由于中国农业土地基础很差，坑洼不平的地方很多，造成机器在使用的过程中运输链条的断裂，而配件的生产又在美国。在这种情况下，华清农业再次组织科研力量，研究了机器容易坏的部分，并根据使用的情况进行改装。在国内找到生产厂家，生产出若干备用的零件，大大降低了时间成本和维修成本（$20130702L_1$）。

在给国家提供高品质的土地的同时，对清华大学科技成果转化也是一种探索，随着盐碱地改造的不断扩大，还存在许多其他的商业机会。清华大学非常重视华清农业的成立。自从 1983 年科技开发部成立以来一共有十位开发部主任，目前有四位加入到华清农业里扮演比较重要的角色，分别代表清华大学基金会、深圳清华大学研究院、北京工业研究院和清华大学科技开发部，也是华清农业成立资金的主要来源，这个比例是非常高的。根据清华大学十几年来技术转化的历史经验来看，华清农业所进行的盐碱地改造具有重要的意义。在面向国家重大需求，解决中国的农业发展问题方面，清华大学的技术已经成熟，对清华而言也是历史的机遇，因而吸引清华大学参与其中直接进行转化。

在知识产权的关系上，目前有关“碱化土壤及其改良剂”发明专利的发明人主要是陈昌和教授及其团队成员，而专利权人是清华大学一家。在华清农业成立之后，陈昌和教授成为华清农业的首席科学家，但是在这项知识产权上并没有形成知识产权的“共有”关系。如上所述，在解决如何抛撒改良剂的工程问题中，申请了一种“土壤改良剂播撒装置”的发明专利，于 2013 年获得了授权，申请人为清华大学和包头市华清农业开发有限责任公司，属于职务共有的发明。

三、其他衍生企业中知识产权与大学和企业的依存关系

在自行创办高新技术企业方面，清华大学还有其他一些做法。由于技术本身的差异性、企业运作模式的需要、历史机遇的不同，清华大学采用了各种不同的方式与新成立的企业建立联系。有些是通过对工程研究中心的改造，有些是政策上给予创办企业特权（比如在专利技术的推广上较大

限度的处置权），有些是通过获得地方政府的资源对学校的技术转移实现产业化。即使在方法上具有多样性，但是本书所列举的这些企业的共同点是：①成立企业所基于的技术属于清华大学所有，并且是源于国家投入；②新的企业成立之后仍然与清华大学之间存在密切的联系。另外需要加以说明的是，本书所列出的企业并不试图穷尽所有的技术转移模式，而是从已有的一些案例中探索清华大学在通过衍生企业模式进行技术转移时如何处理知识产权的关系。

（一）校企联合研究所：北京清华阳光能源开发有限责任公司

早在20世纪70年代末，清华大学电子工程系的殷志强教授就开始研究太阳能利用技术。1984年，殷教授发明的“磁控溅射渐变铝—氮/铝太阳选择性吸收涂层”，让太阳能集热管的大规模生产和商业应用成为可能。在太阳能利用技术的基础上，进一步设计开发“全玻璃真空太阳集热管”的专利技术，此项技术包括具有超限紫金涂层的全玻璃真空太阳能集热管，具有防垢、防漏、防冻的特点，获得了2000年国家科技进步二等奖和国家发明奖。由清华大学企业集团出资，与北京玻璃仪器厂联合，于1994年2月成立了北京清华阳光能源开发有限责任公司，开发太阳能利用产品，开始拓展我国太阳能热水器市场。为了不断开发出新产品系列和进行产品的推广，以专利发明人为首，组建了校企联合的研究所，使企业不断得到后续技术的支持，增强企业发展的后劲。集热管模式的特点是：基于学校研发的专用技术成立衍生企业，并聘请专利发明人为首席科学家，以研发关键人物为骨干，为企业的后续发展提供了创新的动力。集热管模式是由清华大学企业集团出资金，寻找社会上可以合作的企业组建而成，专利发明人以技术指导或首席科学家的身份参与其中。

（二）工程中心的改制模式：清华同方光盘股份有限公司

清华同方光盘股份有限公司（以下简称同方光盘）是清华大学企业集团对国家光盘研究中心进行股份制改造后新成立的公司。清华同方利用上市所募集的资金，投资了5000万元；清华大学企业集团以工程中心自有的专有技术和设备仪器作价入股，占有44%股份。

国家光盘工程研究中心是经原国家计委批准，在清华大学内部设立的研发机构，专门从事光盘存储技术及其设备的研究和开发。中心研究开发光盘库、光盘塔、光盘期刊等项目，在这些领域应用多项国内先进技术。为了实现产业化，清华大学对中心进行股份制改造，成立了全国第一家综合性的光盘产业公司。公司的生产领域涉及光盘硬件、软件、节目等研发、生产及销售，还取得了国家新闻出版总署的支持，获得了电子出版物的出版权、批发权和光盘生产复制权。1997 年创办了《中国学术期刊（光盘版）》，集中了全国 3500 多种学术性杂志的全部文章，每月按学科分类以 9 张光盘的容量与印刷版同时出版发行，是我国科技信息数据化领域的首创，获得了较好的经济和社会效益。到 1999 年，公司经营性收入达到 2 亿元。按照同方光盘的技术转移模式提供的经验，清华大学先后对国家煤燃烧工程研究中心、CAD 工程研究中心、液晶工程研究中心进行了改制，为其成果的产业化创造了资金和机制等方面的有利条件。

（三）从衍生企业到校地合作：OLED 的产业化

集装箱系统的产业化案例已经说明，大学的科技成果的特点，一般是基础性较强或处于高技术领域。既是面向具体应用的科研成果，又是处于实验室阶段的雏形产品，达不到进入市场流通的商品要求。长期的计划经济体制，让国内大中型企业缺乏较强的自主创新和研发能力。而后发展起来的高新技术企业，或者是处于成长发展阶段的企业，一般规模较小，创新和研发能力有限；或者是以校办企业为主，它们成立之初有自己需要转化开发的科研成果，很难再去涉猎高校其他的科研成果，当高校的科研成果向社会企业转化和需要进行二次开发时面临较大的困难。大学里的科研人员就不得不亲自介入到产业化的过程中。

集装箱项目的产业化完全是开创了一个全新的领域。有的衍生企业是在研究成果上进一步研发，进行技术的改进或升级，对将来的产业进行技术转移模式的创新，扩大产业的规模。有机发光显示技术（OLED）的产业化就是这样的模式。OLED 揭示了分子结构、环境因素对材料发光性能、传输性能和成膜性能的影响。开发了能有效提高载流子注入、传输和复合的技术，实现了高效率、高稳定的发光，发展了可湿法成膜的小分子材料的分子设计思想，发明了一系列新型的发光材料和发光器件，产业前景很好。

早在 1996 年，清华大学化学系邱勇教授团队开始进行 OLED 技术研发。1998 年，在全校的横向技术合同项目中，签订的有机电子发光器件横向技术合同金额是 800 万元人民币，在清华大学所有横向技术合同中是最高的。2001 年底，首先在北京成立了北京维信诺公司，以校企联合的方式进行中试。2002 年，建成了大陆第一条 OLED 中试线。2003 年，在国内率先将 OLED 产品推向市场。2005 年确定了大规模生产 OLED 的目标。2008 年，

在苏州产学研合作办公室的推动下，在昆山建立了 OLED 的生产基地，并成立了昆山维信诺公司，邱勇教授在公司担任技术总监。总之，维信诺是清华大学技术转移的重要案例。维信诺的前身是清华大学 OLED 项目组，2003 年，维信诺与清华大学成为 OLED 国际标准的重要参与者和 OLED 国家标准的主要制定者。依托清华大学的科研实力和人才优势，将实验室的技术实现产业化。维信诺公司符合西方概念的大学衍生企业。

（四）留学归国人员创办的企业："中心 + 公司"模式

1999 年，程京教授回国创业，清华大学以"百名人才引进计划"聘请他来生命科学与工程研究院工作。2000 年 9 月，程京教授带领生物科学的几位教师在清华大学生命科学院内创立了"博奥生物有限公司暨生物芯片北京国家工程研究中心"（以下简称博奥生物）。博奥生物既是研究中心，也是企业，依托清华大学、中国医学科学院和军事医学科学院等科研单位。2001 年 6 月，引入五家国内战略投资人和风险投资机构。博奥生物致力于多种生物芯片（药物筛选芯片、多力生物芯片和电磁生物芯片等）的设计和研制、配套设备和仪器的研发。生物芯片可以用于疾病防治、医疗、药物或食品等国家重大需求领域。

程京教授在"2010 年天津国际乳腺癌个体化诊治病理与临床专题研讨会"上的报告指出：博奥生物目前申请全球专利 134 项，获得专利授权 122 项。其中 77 项专利已转让或者商品化，8 项转让给美国 Aviva 生物科学公司、5 项转让给深圳微芯生物科技公司。截至 2012 年 12 月，在中国专利数据库中检索，经过单位排除后，其中以"程京"为专利发明人检索得到的申请专利共有 126，有 116 项专利的专利权人是"清华大学和博奥生物"。

在技术转移的模式上，博奥生物采取的是一种"中心 + 公司"的运作模式。博奥生物的特点是，实现中心"专利"成果的应用。因而，博奥生物与清华大学一开始就建立了专利"共有"的模式，清华大学的研究成果能够通过博奥生物进行转让。

而"中心 + 公司"的运作模式，让博奥生物经历了从初期的与高校专利共有到企业成长起来后具备了自主研发能力，可以脱离高校申请专利。国家重点产品：人类白细胞抗原（HLA），基因分型芯片检测系统，微阵列芯片激光共聚焦扫描仪和微阵列芯片点样与生产系统是博奥生物自主开发和实现商业化的。

第二节　清华大学技术转移过程中的知识产权问题

一、清华大学技术转移的主要类型

改革开放以来，清华大学的技术转移活动历经了30多年。从计划经济开始，我国大学的科研成果就已经通过各种不同的途径转变成具体的生产力。但是真正意义上的大学技术转移，是将技术作为“有偿”交换的对象开始的。高校里专门从事技术转移的工作人员、专职的管理机构和相关的规章制度的出现，才标志着大学技术转移制度化的形成。有组织的大学技术转移时期的到来，是在改革开放以后。到20世纪90年代，世界科技向多学科交叉、综合集成方面发展。1995年，召开全国科技大会，提出科教兴国的核心是解决科技与经济的紧密结合的问题。清华大学的科研项目既有面向国家重大需求的高技术、攻关的纵向项目，也有诸多面向国民经济发展的横向项目。在将这些科技成果转化成产品时，清华大学进行了多种模式的探索。现在，本书试图对清华大学的技术转移活动进行一个总的历史回顾。在总结的过程中，笔者不能穷尽所有的技术转移模式，主要是对典型的、在清华大学技术转移历史中起着重要影响的几种模式做重点剖析。

（1）从课题组到大型综合性工程研究基地的建设。在第三、第四章中，分析了清华大学在计划经济时期到转轨时期技术转移的几种主要形式。计划经济时期，以教研组为主的课题组长负责制的技术转化，直接与生产单位联系和协作，解决其生产中遇到的问题。到20世纪80年代，随着国家经济体制的转轨，国家发展的中心转移到经济建设上来。高校所处的科研环境也得到了改善。学校承接的科研项目增加，科研任务的难度进一步提升。以课题组为科研组织基本单元的形式，很难满足国家提出的综合性大项目的需求和承担大的课题，尤其是无法承接面向国家重大需求的科研课题，也不利于产生对某一行业起推动作用的科研成果。

2002年，清华大学第十五次科技工作讨论会上提出，改革课题组为基本单位的科研管理体制，调整原有的科研工作的生产关系。因此，学校建立了大型的综合性工程研究基地来解决承担重大科研任务的难题。清华大学已经建成了若干国家级的科研基地，在完成国家重大科研项目的同时具有相当大的工程转化能力。当时已经形成的基地包括：核能技术设计研究院（与系平行）、微电子研究所（与系平行）、国家计算机集成与制造系统（CIMS 国家工程技术）（计划单列）、中国教育和科研计算机网络研究中心（计划单列）。建设中的工程研究中心包括：光盘技术及应用系统国家工程研究中心（计划单列）、洁净煤燃烧国家工程研究中心（计划单列）、CAD 国家工程技术研究中心（计划单列）等。

（2）从校办产业、清华控股到衍生企业的发展。从 20 世纪 80 年代中期起，清华大学陆续创办了一批学校独资或是与校外单位合资的高科技企业。1995 年，清华大学成立企业集团以后对校办企业进行了整合，对学校的经营性产业进行统一管理。截至 1997 年底，全校具有法人资格的经济实体共 32 家，其中有 4 家企业经营额超过亿元：清华同方、紫光集团、阳光公司和液晶公司。学校通过校办企业的“技术 + 资金”模式参与国有企业改造，其中清华同方就兼并了江西无线电厂，并于 1997 年 6 月改制上市。2001 年以后，国家开始规范校办企业，主要是进行学校与企业之间的产权清理。之后，大学逐渐从直接投资办企业中脱离出来。国家进一步规范校办企业管理体制。2003 年，经国务院批准①，清华大学企业集团依法改制组建清华大学控股有限公司，这是由清华大学出资的国有独资有限责任公司，注册资本 20 亿元。同时在校内设立了清华大学经营资产管理委员会，代表清华大学行使出资人权利，也是清华大学控股的权力机构。清华大学控股有限责任公司组建后，其所投资的全部科技型企业中，有全资企业（2 个）、控股企业（19 个）和参股企业（33 个）三类。清华大学控股有限责任公司成立以后，校办企业得到了规范的管理。基于知识产权成立的企业向西方国家的衍生企业的模式发展，而校办企业可以被视为衍生企业出现在我国的一种独特的组织模式。到 2010 年，清华控股经营性收入超过 300 亿元，利润总额达 10 亿元。与清华大学签订的横向科研合同占全校横向科研合同总金额的 20% ~25% 。

---

①《国务院办公厅关于同意北京大学、清华大学设立北大资产经营性有限公司和清华控股有限责任公司复函》。

欧美学者用"Spin - offs"表达"衍生企业"的概念。一般来说，衍生企业至少要符合两个基本条件：衍生企业的创立者来自原来的组织，核心技术是从原来的组织中转移过来的。西方学者认为，根据企业发生的类型可以分为两类：①移植型。一个新的企业从一个母组织（Parent Organization）中剥离开来，两个组织之间存在天然的联系。②突然发生型。新的企业是在某个企业家发现了市场的基础上创立的，或者是在母组织中衍生出新的企业，而这个新的衍生企业当时成立的时候并不被母组织所支持。我国学者杨德林教授将中国大学科技企业的衍生类型分为专利许可型、知识产权入股型、带土移植型、改制型、嫁接型和学生创业型。本书分析了清华大学的几种衍生企业，这些衍生企业的类型已经超过了上述范围。大型集装箱是典型的带土移植型，同方光盘中心是知识产权入股型，而维信诺、博奥生物、华清农业就不是单一的某种技术转移的模式，而是混合了好几种模式，比如既有大学和地方合作进行技术转化，又有专利许可，也有主要的科研人员在企业中任职（有的是企业的管理层或者是首席科学家）等。除了本章介绍的衍生企业外，还有许多其他的衍生企业。比如依托工物系扫描技术成立的北京辰安伟业科技有限公司、依托电子系的通信传输和接入设备成立的华环电子有限公司、依托材料系的氮化硅基陶瓷刀具成立的北京紫光方大高技术陶瓷公司等。

（3）与企业联合研究实现单项技术的转移，推广应用与研究开发相结合。针对企业和地方面临的技术难题，直接承担它们的研究开发课题。这些成果的转化可以直接得到推广和应用。比如核能技术设计研究院稠油热采数值模拟技术在全国各大油田的推广应用；材料科学与工程系高性能低烧弛豫铁电陶瓷在完成了实验室和中试研究后，及时推广到广东省和四川省；环境工程系承担的"华北地区城市污水回用可行性研究"在邯郸市实施；东北电网应用的电机工程与应用电子技术承接的东北电网仿真系统。与企业的合作方式包括建立联合实验室、研究开发中心，为企业有针对性地提供新产品、新技术或者科技信息。

（4）成立工程研究中心。工程研究中心的成立对推动国家重大项目进入应用领域是一种有益的探索。清华大学建成了国家计算机集成制造系统（CIMS 工程中心），由吴澄教授领导，将信息技术、控制技术、管理科学机械制造技术综合集成起来，这种先进的制造技术在全国上百家重点企业推广应用，有的已经产生了良好的经济效益。在建成示范基地、产出一批

CIMS 共性技术后，积极向下游的成都飞机制造厂、山西经纬纺织厂等百余家骨干企业推广。另外一个建成的综合性研究基地是中国教育和科研计算机网络（CERNET）。通过委托开发、专利许可、技术转让、技术入股、技术咨询、联合承担国家科研计划和建立联合科研机构等技术转移途径，推进产学研合作和科技成果转化。

（5）与地方政府共建研究院，形成与地方的产学研合作体系。清华大学与地方政府共建了四大研究院：深圳清华大学研究院（1996 年成立）；北京清华工业研究院（1998 年成立）；河北清华发展研究院（2002 年成立）；浙江清华三角研究院（2003 年成立）。这些都是独立的事业法人单位，为区域技术创新和发展高新技术提供技术、人才支撑。这些研究院的建立，依托清华大学的人才和技术力量，结合地方产业发展机遇和资金，既为地方经济发展培养必需的人才，也为清华大学技术转移提供了平台。

（6）专利技术转移。清华大学科研管理者总结了清华大学的专利转移包括：专利实施许可（包括独占许可、有条件的独家许可、普通许可），专利技术许可同非专利技术混合型转让，以专利技术为基础发展的高新技术产品，以专利技术形成的校办产业的骨干产品，以专利技术参股形成校内外合办的高新技术产业①。但是，基于技术市场还在完善中，用技术入股成立企业尚处于不断的探索中。1993 年的《公司法》② 规定，股东可以“工业产权、非专利技术作价出资”，但是比例不得超过有限责任公司的 20%（第二十四条）。到 2005 年《公司法》修订后，删除了“工业产权”的概念，用“知识产权”替代，扩大了公司成立时无形资产出资的范围。另外，删除了用技术出资不超过 20% 的规定，转而规定，货币出资不能低于 30%。这也就意味着大大地提高了知识产权在成立公司时的出资比例，可以高达 70%。

《清华大学关于促进科技成果转化的若干规定》（1999）对技术入股仅仅规定了“奖励”制度。在对外进行合作时，没有对职务发明的利益分配形式做出明确的规定。2008 年，为了进一步调动清华大学科研人员科技成果转化的积极性，鼓励对知识产权的合法运用，清华大学校务会议对 1999

---

① 吴荫芳、杨杏华：《加强专利工作推动高校科技工作蓬勃发展》，《清华大学第十四次科技讨论会文集》，1998 年。

②《公司法》分别于 1999 年、2004 和 2005 年进行了三次修订。

年的《清华大学促进科技成果转化的若干规定》进行了修订。新的规定在以下内容做了进一步的改进：①2009 年的政策明确了科技成果转化的类型，包括传统的横向合作方式（技术开发、技术转让、技术咨询和技术服务），以及技术作价入股兴办企业、专利或专有技术的许可。②专利或专有技术的科技成果转化前，需要与学校签订协议，通过联合或委托校外的专业化技术转移机构实施，可以是知识产权所有权的委托或者转让。③进一步明确了科技成果转化的利益分配机制和奖励机制。目前，清华大学对于以技术入股的方式进行技术转移的利益分配与奖励规定是：以技术资产入股方式对职务科研成果实施转化的，学校享有科研成果作价入股时股份总额的60%，其所得收益的学校和院系分配方案由学校经营资产管理委员会确定，奖励技术发明人团队 40%，其中做出主要贡献的技术发明人不低于发明人团队奖励总额的 50%；对于转化学校科技成果且学校持有其股权的企业，学校支持企业采取股权、分红权等方式奖励和激励科技人员、经营和管理人员；技术转让、专利委托等方式直接将职务科研成果提供给他人实施所获得的收益，学校享有 15%，院系享有 45%，奖励技术发明人团队 40%，做出主要贡献的技术发明人不低于发明人团队奖励总额的 50%。[①]

二、技术转移过程中常见的知识产权纠纷

随着大学技术转移途径的增加，以及知识产权在技术转移中作用的增强，知识产权权属的纠纷问题日益凸显出来。本小节内容，在访谈了清华大学科研院各科室的管理人员之后，对清华大学在技术转移过程中所涉及的知识产权的纠纷进行总结。由于有些知识产权的纠纷尚在调查中，受被访谈人的要求，对知识产权纠纷的具体案例进行模糊化处理，只写出纠纷的内容，而不涉及知识产权纠纷的具体院系和当事人信息。

（一）由于合作协议中“在先约定不明确”带来的权属纠纷

第一种情况是，“有在先约定协议”但是被第三方介入主张“在先约定”无效所引起的权属纠纷。这种情况，主要发生在清华大学与某个企业的子公司所签署的合作协议中。主要是为了限制总公司与子公司之间权利的协约，有些子公司可以独立行使权利，有些子公司则必须在获得总公司

① 《清华大学促进科技成果转化的若干规定》（2009 年）。

的同意后才享有对外签署协议的权利。假如对它们两者之间的协约不了解，在涉及知识产权的问题时，本来是清华大学与子公司之间签署的约定协议，在未来市场获利时，可能会有第三方（总公司）介入要求分享权益或者主张其子公司与清华大学之间的在先约定合约无效。关于这类权属纠纷，在与海外企业合作时比较少见，原因是海外企业总公司与子公司之间的权利义务关系非常明确。这种类型的纠纷主要发生在与国内企业合作的过程中。

第二种情况更加糟糕，“没有在先约定”或者“在先约定不明确”的。在项目合同中清华大学与投资方没有就知识产权的归属进行约定。比如过去认为，合作申请专利主要是共同署名的问题，而对于专利产生市场价值以后的利益分配没有进行明确的说明。既没有在先约定，也没有就后期成果的分配进行约定。因而有可能造成与清华合作的企业避开清华大学，自己实施专利或者许可他人使用的情况，而不就专利使用费或专利许可费收益与清华大学分享。据清华大学科研院管理人员的反馈，学校对于上述发生知识产权纠纷的解决措施到2005年以后才开始逐步完善的。首先完善的是国际合作协议，主要是由于与国外企业或者跨国企业合作的过程中，规定得比较细致，这促使了学校开始逐步重视这些存在的问题，开始比较细致地去思考可能发生的产权纠纷隐患。其次再逐渐拓展到与国内企业的合作谈判中。再次拓展到国际与国内合作建立研发机构。最后才是国家的纵向合作协议。对于以后的合作协议，原来没有就科研成果或者是知识产权成果使用进行约定的，又或者是约定很笼统的，科研院目前的做法是在进行成果或知识产权许可之前，会再重新签订一个成果或知识产权学科协议（$20111030D_1$）。

（二）“职务发明”中存在的权属界定问题

根据我国《专利法》有关职务发明的具体规定，学校与所有科研项目负责人均应签署相关合同，明确成果的产权关系；对列入国家科技计划项目的，其完成的发明创造内容属职务发明的，其权属归学校所有；对与企事业单位签订科技开发合同的项目，其完成的发明创造内容属职务发明的，其权属从其约定。然而，对于发明人和学校而言，知识产权所有权的取得不亚于对其使用权和处置权的取得。发明人和学校更看重知识产权带来的荣誉感，未来科技报奖时不会产生与产权有关的冲突。

在合作协议中，除了“在先约定不明”带来的权属纠纷外，还有一种是“职务发明”引起的权属纠纷。这种纠纷的类型也存在两种情况：一种是原有单位的职务发明与后来单位的职务发明就知识产权的归属问题发生的纠纷，被称为“技术外漏”。比如曾经在清华大学工作或学习过的人员到另一个新工作岗位，如临时的科研人员、访问学者、外聘人员、博士后、辞职或离职的老师（包括已经退休的老师）离开清华以后，根据其掌握的技术自行申请专利进行技术许可或者成立企业。技术外漏最常见的是在大学或科研单位，源于科研人员流动以及科研单位对知识产权归属的认定和管理制度方面的欠缺。在企业中反而比较少见，由于企业对员工有强制的约定，在入职时就签订了技术保密协议或竞业禁止合同。一旦从事关键技术研发的人员离开原单位以后，在一定时期内也不能继续从事与原来研究直接相关的工作。高校也会与其雇员签订技术保密协议，但是在执行力方面远不如企业严格。有些流动的人员在清华大学参与科研活动时会自动遵守保密协议。但是如果没有签订实际的技术保密协议，也没有对其后续的科研成果进行约定，一旦发生“技术外漏”造成知识产权流失问题，即使发生诉讼也是处于被动的。除非可以提供一些在清华从事科研工作的记录，比如参加过关键技术、现场录像等。1997 年 6 月，清华大学校务会议通过了《清华大学保护知识产权的规定》，对职务发明的专利权归属进行了规定[①]，并从 1998 年起，针对校内不同的人员，采取不同的形式签订知识产权保证书制度，对学校科研成果的知识产权进行法制化和规范化的管理。但是，在具体的执行过程中，学校的院系和各个部门对于职务发明的理解存在偏差、把关不严的情况。

还有一种情况是，某科研人员 A 是由国内某企业以人才引进的方式吸引回国的创业型科学家，他以技术入股的方式与该企业进行合作，或者新创了企业。随后，受到清华大学的邀请，A 成为清华大学的教授。那么依据《专利法》，A 在来清华大学之后做出的研究成果除了有合同特殊约定之外，一般属于清华大学的“职务发明”，但是对这些职务发明与吸引他回国的企业之间的职务发明之间的界定比较困难。尤其对于科技型企业而言，如果掌握关键技术的领头科学家离开，可能会直接把企业的核心竞争力掏空，对企业的未来发展造成致命的伤害。一般的处理办法是通过签订“竞业限

① 专利的权利归属方面：学校师生员工为执行学校及其所属单位任务或主要是利用学校及所属单位物质条件或名义完成的发明创造，属职务发明创造，申请专利的权利归学校及其所属法人单位。申请被批准后，专利权归学校及其所属的法人单位持有或所有。

制条款”来规范知识产权纠纷的发生。

（三）知识产权“共有”[①] 带来的纠纷

在与其他单位的合作中，对知识产权的归属问题没有进行严格的限制，而是规定或者双方“共有”，或者“协商”处理。这两个规定都过于笼统，对发表论文来说，共享可以通过共同署名来表达。而对于专利或专有技术而言，共享是否意味着对未来市场收益的分配也共享？在具体的实践中，往往由于双方没有就权利转让、产权获利后如何分配、技术许可费如何分享、将来的专利使用费等问题进行细化的规定而带来知识产权纠纷。由此造成的知识产权纠纷最为普遍，在与海外、国家纵向科技项目资助、国际研发中心等形式的合作中都会有类似的纠纷出现。知识产权的共有，需要细化到专利成果的使用、未来市场如何分享中，否则由于产权内容不明确所引致的纠纷必然还会产生。

（四）大学知识产权处置与国有资产的冲突

随着技术与资本的结合日益紧密，近年来我国学者注意到目前的大学知识产权制度在进行科技成果转化过程中面临着政策的困境。而这种困境正是来自对大学知识产权结构的制度安排。突出表现在技术转移过程中的知识产权的使用与国有资产流失的冲突、科技成果作价入股后的利益分配的冲突。这些矛盾的存在是由于产权和知识产权制度在我国建立以后表现出来的制度困境。这种制度困境正是由于我国科技管理体制中对知识产权所有权的权利规定不明确，知识产权的转化与国有资产产权关系需要进行调和，否则就直接影响到了我国大学的技术转移实施的效率。笔者认为，造成我国大学技术转移政策困境的根本原因，是我国的科技转移政策体系的规定中对待知识产权归属问题的模糊处理。

2008 年，财政部印发《中央事业级单位国有资产使用管理暂行办法》的通知，其中规定对资产的配置和使用（第二十条）以及对资产的处置（第二十五条）均增加了一个“800 万元”的界限。无论资产使用还是处置，其中单位价值或批量价值在 800 万元以下的，由财政部授权主管部门进行审批；而 800 万元以上的（含），经主管部门审核后报财政部审批。国有

①《专利法》第十五条规定：“专利申请权或者专利权人对权利的行使有约定的，从其约定。没有约定的，共有人可以单独实施或者以普通许可方式许可他人实施该专利；许可他人实施该专利的，收取的使用费应当在共有人之间分配。除前款规定外，行使共有的专利申请权或者专利权应取得全体共有人的同意。”

资产处置是指对其占有、使用的国有资产进行产权转让或者注销产权的行为，其中包括无形资产知识产权在内。具体实施方式包括出售、出让、转让、对外捐赠、报废、报损以及货币性资产损失核销等。

中央级事业单位处置科技成果，价值在800万元以下的，可由本单位自主处置，同时抓紧研究制定处置收入的管理使用办法；开展完善股权激励个人所得税政策试点，对中关村园区内高新技术企业转化职务科技成果以股权奖励个人的，加大税收优惠力度。这项政策出台以后，大学负责技术转移的单位普遍反映技术转移审批环节增多，国有资产报批的时间和程序都比较复杂，而高新技术的更新换代非常快，很多企业并不愿意等这么长的时间。

知识产权制度的创立为各创新主体进行合作提供了平台和保障。通过明确界定各创新主体的产权，使创新主体可以自主选择合作行为。各合作行为主体在知识产权法律制度确定下，通过自己的行为选择，实现自己的偏好，稳定地实现预期的合作结果，自愿地接受共同制度框架的约束，并对合作结果承担责任。但是，当政府对所有权的转让设置限制后，实质上造成了产权私有属性上的残缺。政府通过对所有者选择其财产做什么的权利（即所有权的排他性）或者对其以共同商定的价格转让给他人的权利（所有权的可转让性）进行干预而削弱所有权。所有权在许多活动中受到了削弱，因此会干预所有者处置财产的权利，以及可转让权的排他性的使用。

（五）退休教师处置知识产权所碰到的障碍

在访谈中了解到，大部分的高校教师对转让专利的积极性并不高。高校的教师希望做前沿的研究，申请专利是为了研究项目的结题，结题后并不关注专利的后续开发或专利转让，而是会转而继续开拓其他前沿项目的研究。另外，虽然近年来，国内企业的创新能力有所提升，但是由于技术力量薄弱等原因，很难接手大学转让出来的专利成果，可谓“二传手传不过去”。这与美国有很大的差别，美国大学的研究成果有时可能只是一个想法，由企业接手后再进行开发。但是，退休教授反而会比较关注他们在职期间的发明专利的利用问题。教授退休以后，学生们也不会继续做以前的研究，如果这些成果不进行转化，可能就过期了，变成无用专利。但是受“职务发明”的限制，在专利的有效期内，退休教师要开发专利成果，需要获得学校的同意或者经过权利变更成为专利权人（20130723W_2）。退休教师对于专利成果的转让是一批不可小觑的力量，但是学校目前还没有明确的规定对这个问题进行统一的管理，至少要简化退休教师使用其专利成果的手续问题。

（六）“专利技术入股”中的知识产权问题

笔者在调研中得知，在清华大学技术转移案例中，采用专利技术作价入股的方式仅仅是个位数。专利作价入股，首先由评估机构对专利的市场价值进行评估，给出专利的评估金额进行折现，按照折现后的金额出资。根据笔者调研的清华大学技术转移实践得知，专利作价入股的案例屈指可数。原因包括：①用专利作价入股后，企业发展起来，学校并没有得到利益的回报，最后就不了了之。②专利作价入股后，公司没有运行下去，又或者是公司转型，不再做原来的项目。③专利技术的价值评估由谁给定的问题，决策机制到现在为止不是很规范，如果要按照原则上的规范，那就是市场定价。目前任何一种评估专利价值的方法都会有人持有异议，最后只能是通过双方洽谈解决。④公司发生了比较大的变化。专利作价入股时，其他的投资方都是小公司，但是随着公司股权结构的扩大，又有更多的投资方加入进来。将原来的用专利作价入股的份额稀释，分红和收益也就越来越少，到最后无法从中受益。⑤对新投资人不公平。公司在发展的过程中，会逐渐吸收其他的投资。公司的发展方向可能发生改变，经营业务范围扩大，也有可能是技术本身的升级换代。企业成立时用作出资的专利已经落后或者被淘汰，如果专利作价入股的一方还占有原来的利益分配比例就会对其他投资者不公平。⑥技术入股的形式不利于企业本身的发展，也是许多企业不愿意通过技术入股的形式与学校合作的原因。由于学校的科技资源是企业发展的原动力，技术的更新换代很快。技术入股后无法解决后续的技术发展问题，因而对企业的发展不利。⑦另外，清华大学作为事业单位，在投资入股时还会面临许多政策上的限制，比如国有资产流失的问题。因而，投资的主体都是清华大学控股集团。科技人员在科技成果中享有的权益，需要根据相关的法律，按照职务发明合同中“约定”的科技人员在职务发明中享有的权益进行规范，并依法确认科技人员在企业中的股权（$20111030D_1$）。

最后，本章着重分析了清华大学衍生企业这种技术转移模式中所反映出来的知识产权问题，也进一步总结了清华大学历年来技术转移的主要模式。从中可以反映出知识产权的归属问题在许多层面影响着技术转移的开展。然而，这些问题在我国产权和知识产权制度建设的初期并没有凸显出来。无论是学校科研管理人员还是具体从事技术转移的科研活动者，并没有意识到技术转移过程中许多的制度冲突和障碍的核心源于知识产权的产权归属这一核心的问题。即便在某些历史时期，即使有许多办法和措施去规避产权归属不清所带来的问题，但是随着我国产权结构的进一步完善，产权归属的重要性必定在市场交易的活动中凸显出来，这也是我国未来知识产权制度建设过程中不可回避的问题。鉴于美国 Bayh - Dole 法案最先引起了许多国家的政策制定者关注知识产权的归属与技术转移之间关系的问题，许多国家新近修订和出台的知识产权政策也被称为模仿 Bayh - Dole 法案。在一些研究中，也将我国近期出台的一些知识产权政策被称为“中国的 Bayh - Dole 法案”。在下一章中，将结合这些政策，与美国 Bayh - Dole 法案进行对比分析。

第六章　Bayh – Dole 法案的形成、扩散和对中国的影响

美国 Bayh – Dole 法案出台以后引起了许多国家的仿效，反映出这些国家的政策制定者认为调整知识产权制度，尤其是重新安排公共资助下的大学知识产权归属制度，是提高大学技术转移效率的核心因素。事实上，由于专利是美国大学技术转移的资源基础，而专利许可和基于专利发展起来的衍生企业、创业企业一直是美国大学技术转移的主要方式，因此，Bayh – Dole 法案试图通过赋予大学专利所有权，鼓励和激励大学对其所承担的政府资助类科研项目申请更多的专利，提高大学技术转移的资源积累。

2000 年之后，我国政策制定者也更加重视知识产权制度的改革对促进大学技术转移的作用。并在 2000 ~ 2003 年，由科技部等部委出台了若干针对国家科技计划项目资助下的知识产权管理政策；2007 年，在新修订的《科学技术进步法》中也纳入了知识产权归属的条款。这些，被学术界称为“中国的 Bayh – Dole 法案体系”。然而，通过上述对中国大学技术转移和知识产权之间双向作用关系的分析得知，知识产权在国家经济体制变迁的过程中建立起来，而大学技术转移也在此过程中发生着重要的变化。对于大学知识产权所有权归属的变革，内在推动力量是本身所处的制度情景的转变，变革的发生是为了更适用于大学技术转移的实践活动。因此，即使在近期的政策和法律修订过程中，我国学习了 Bayh – Dole 法案的相关内容，但是其发生的原因、适用的方式、具体的内容与我国均存在较大的差别。而直接将它们称为“中国的 Bayh – Dole”法案，忽略了我国大学知识产权制度本身演变的内在逻辑，也不利于制定适用于我国大学技术转移的知识产权制度。

在本章中，首先，分析了 Bayh – Dole 法案在美国通过的过程，提出 Bayh – Dole 法案所进行的大学所有权归属方式的改变，是多方行动者磋商、

妥协和博弈的结果，符合美国当时的制度环境。这种产权安排符合大多数人的意愿，但是就促进大学技术转移而言可能未必是最佳的安排。其次，本书分析了其他国家模仿 Bayh - Dole 法案的情况，主要分析了欧洲和日本的情况。再次，讨论了“中国 Bayh - Dole 法案”是否存在问题，并对中美大学知识产权的归属变迁进行了比较。最后，从产权理论出发分析了知识产权归属对技术转移的作用。

第一节 Bayh - Dole 法案在美国的制度形成过程[①]

在制度主义者戴维斯和诺斯看来，制度的变迁至少包括五个步骤：①形成制度变迁的第一行动集团，集团将在制度变迁中起主要作用。②第一行动集团提出制度变迁的行动方案。③根据制度变迁原则对方案进行评估和选择。④形成推动制度变迁的第二行动集团，即起次要作用的集团。⑤最终在两个集团共同促使下实现制度变迁。

在戴维斯和诺斯制度变迁分析框架基础上，将 Bayh - Dole 法案所引起的美国联邦政府专利制度的变革也分为五个步骤：①Bayh - Dole 法案出台之前，联邦政府内部出现专利政策自由化的呼声。②原机构 IPA 协议[②]的重建和第一行动集团的形成：不满专利权由政府享有的制度安排，重新推行 IPA 协议，借此联邦政府向申请人授予专利豁免权。在此过程中，形成了推动专利制度改革的第一行动集团。③第一行动集团扩大和转译更多的政治同盟形成第二行动集团，也就是更大范围的政治同盟的形成和更高话语权与资源掌握者的聚集。④克服集团遇到的障碍，招募和巩固专利制度变迁行动者的网络。⑤两个集团的共同作用促成了专利制度的变迁：Bayh - Dole 法案的通过，意味着美国国会层面肯定甚至鼓励大学参与专利活动并对这些成果的商业化开发的认可，从法律的层面上肯定了这些活动的恰当性，

① 与 Bayh - Dole 法案相关的部分内容已经公开发表，见张寒、李正风：《对 Bayh - Dole 法案及其相关研究的再思考》，《自然辩证法研究》2012 年第 28 卷第 8 期。

② Institutional Patent Agreement，以下简称 IPA 协议。

也就意味着大学专利活动制度化已经最终形成。每个阶段对后一阶段的行动既产生影响，又环环相扣。

一、Bayh - Dole 法案所引起的专利制度变迁

（一）联邦政府内部专利政策自由化趋势

“二战”和随后的“冷战”重塑了美国国内的创新体系，“二战”的胜利让美国的政策制定者充分认识到科学和技术创新的重要作用，1945 年，美国总统科学顾问万尼瓦尔·布什（Vannevar Bush）在呈交给罗斯福总统的著名报告《科学：无止境的前沿》中提出，联邦政府应该持续增加对军事、国防、医疗技术等领域的扶持，对大学的基础研究应该提供持续的资助，其最终的目的是为了让经济的增长从这些基础研究中获益。战时成立的国防部和战后成立的国家卫生部（NIH）、国家基金委（NSF）、海军研究办公室（ONR）等机构成为基础研究经费的主要提供者。因此，一直到 20 世纪 70 年代中期，联邦政府对学术界科研的资助幅度经历了快速的增长时期，研发投入模式也重新塑造着美国的学术研究体系。但是，联邦政府对科学教育和研究、技术创新的持续资助并没有让这些科研成果转化成实际的产品。

与此同时，日本、联邦德国及苏联在经济、科技方面的实力不断增强，美国感觉到自己经济领先的地位正在遭受严重的挑战。“二战”后短暂的经济繁荣，使美国一开始并没有将注意力放在其低效率的技术转移政策上，而随后经济的持续低迷，让美国政府开始重新全面思考经济政策问题，并意识到新的政策应该关注如何提高社会福利和促进国家经济实力的增长。对基础研究领域的持续投入，让美国政府开始重视新的科技政策制定，并关注基础科研投入后获得的科技成果的应用问题。到 20 世纪 70 年代末期，若干联邦机构成立了许多大的项目加强大学与企业之间的联系，鼓励大学—企业之间进行研究合作。1980 年之前，联邦政府的各个机构都实行自行制定的专利管理政策，甚至有些机构的不同部门之间也存在不同的管理制度。而零散的联邦政府各机构现有的专利政策被认为极大地阻碍了这些技术成果商业开发的机会，最终阻碍了纳税人从政府科研投入中获得实际的收益。不满现有专利制度的情绪在国会内部滋生，要求专利政策自由化的势力在国会内蔓延，人们呼吁统一联邦专利政策的呼声也日益高涨。

（二）原机构 IPA 协议的重建和第一行动集团的形成

1960 年当选的约翰·肯尼迪总统许诺让美国经济复苏，其中也包括如何整顿五花八门的专利政策和联邦创新资助政策。肯尼迪政府成立了联邦科学与技术议会（Federal Council Science & Technology，FCST），并指定它为专利政策制定机构，负责收集各个联邦机构的专利数据并且发布年报，FCST 还组建了一个政府专利政策委员会（Committee on Government Patent Policy，CGPP），主要由各个联邦机构中的专利顾问组成。

1963 年，隶属于美国健康、教育和福利部（HEW）的美国国立卫生研究院（NIH）聘任诺曼·雷特科尔（Norman Lateker）为专利顾问。雷特科尔有着多年的政府工作经历，他不相信政府具有管理和开发专利的能力。他认为当前 HEW 对大学和其他非营利性组织的研究资助中，影响创新成果利用的最明显的问题是，这些获得资助的组织并不会直接参与开发这些创新成果，而是由企业将它们引入市场。政府的组织方式中存在重大的问题，专利的权利越接近于专利完成人，专利成果被开发利用的可能性就越高。他甚至理想化地提出专利权应该掌握在实际完成人（发明人）的手里。但是最早，他从 NIH 的专利政策修改入手，提出应该将 HEW 资助的专利权交给大学，他并没有直接提出将专利权赋予发明人，也是考虑到当时的制度环境。20 世纪五六十年代，联邦各机构对大学的科研资助力度有较大的差异。其中，HEW 通过 NIH 对大学科研的资助力度是所有联邦机构中最大的，而国家基金会（National Science Foundation，NSF）的资助只有不到 10%。大学到 HEW 申请专利权转让，需要首先提交到指定的管理办公室审查，如果没有获批，申请就会再转交给雷特科尔进行复审。不久以后，雷特科尔越发觉得，这些权利得不到批准其实不利于公众的利益。事实上，早在 20 世纪 50 年代，HEW 就能够通过机构专利协议（IPA），赋予大学专利权豁免：HEW 放弃它对其资助的专利权的所有权，而将专利权转让给向它提起专利权豁免的大学，前提是大学具备对 HEW 专利成果管理和开发的能力。通过 IPA 协议，HEW 放弃其专利权，这就是所谓的专利权豁免。IPA 协议之前，如果大学试图获得 HEW 资助下的专利权，需要准备一系列繁杂的申请手续，也可能在耗费了大量的精力后还不能获得专利豁免权。IPA 协议的出现，正是源于 HEW 试图精简申请专利权豁免的手续问题。一旦大学与 HEW 签订了 IPA 协议，以后遇到同样的情况，大学可以自动地获得专利权，而不需要每次都向 HEW 提出专利权豁免申请。然而，1958 年以后，

HEW 倾向于认可大学的科研成果应该进入公共领域，而不应该为大学所保留，从此通过 IPA 协议获得专利豁免权的大学也越来越少。雷特科尔试图重新建立 IPA 协议，并且打算让更多接受 HEW 资助的大学采用 IPA 协议，主要目的就是通过允许大学申请或转让专利，鼓励对受 HEW 资助获得的专利的开发。

1963 年，总统科学顾问杰罗姆·威斯纳（Jerome Wiesner）也提议应该有一个统一的、针对所有联邦机构的创新和专利政策。他在同年 10 月的总统政策声明中提出，为了公众的利益和鼓励利用政府资助的发明成果，应该在政府和项目承担者（包括大学）之间分配知识产权。这一规划引起了国会和学术界关于公共资助下形成的知识产权的管理政策的广泛讨论。联邦政府内部出现了两种分化的观点：①政府资助的科研成果应该统一归政府所有，因为政府是纳税人的代理人（Title in Government）。②与政府签订合同的项目承担者应该享有知识产权所有权（Title in Contractor），因为他们最熟知市场的情况，有利于这些科研成果的市场化开发。最终，肯尼迪政府时期，美国联邦专利政策和技术专利政策上做出非实质性的变革，也没有形成统一的专利管理制度。1965 年，参议院司法委员会已经收到了三份全面的专利政策法案：一份关于政府所有权的政策；一份关于政府许可权的政策；还有一份关于不同的机构之间保持不同的专利政策。这三个法案都没有进一步通过立法①。

1967 年，雷特科尔开始在政府专利政策委员会（CGPP）的下属委员会工作，他积极地推动其他联邦机构加入 IPA 协议。然而，令他失望的是，大部分人认为“政府许可政策”比 IPA 协议更合理，他们都对 IPA 协议不感兴趣。美国基金会的专利顾问杰西·拉斯肯（Jesse Lasken）也认为由大学而不是政府来管理专利会更好。在联邦科学与技术委员会内部，雷特科尔和拉斯肯试图推行 IPA 协议的观点遭到许多反对意见。鉴于他们所处的政治地位只是中层管理者，他们意识到需要招募其他更具有影响力的、掌握更多政治话语权的人来推动 IPA 制度的扩散。伊丽莎白·波普·伯尔曼（Elizabcth Popp Berman）将 IPA 协议的重建看作是美国大学专利活动制度化形成的第一步。因此，IPA 也被视为制度变迁的“原机构”（Proto－institutions），

① 原出处为 US Senate Committee on the Judiciary（1965），Government Patent Policy（Washington，DC：US Government Printing Office），转引自 Berman，2008。

原因是它还不具备构成制度变迁的根本要件。新制度形成的前提是需要满足“规则性”和“统一性”。IPA协议存在的根本目的是为了简化大学获得专利权的申请豁免程序。从性质上看，它主要是程序上的规定，而不是实体制度的改革。并且，它的存在也不是为了促进专利成果的后续开发。IPA实现个案申请制，同一所大学可以根据其所签订的IPA协议获得专利豁免权。但是如果每个大学都根据各自的情况来签订IPA协议，内容就存在较大的差异。也就是说，HEW既没有规定IPA协议的统一内容，也没有具体的操作依据可循，这样就阻碍了制度形成所要求的“规则性”和“统一性”的特征。事实上，在20世纪60年代，美国大学并没有多少人申请专利，也很少有学校制定正式的专利政策。大部分大学并不拥有自己的专利，它们不仅是在意识形态上反对大学科研成果申请专利，而且认为科研人员的研究成果没有申请专利的必要，认为申请专利与大学这种组织机制的使命——提高和扩散知识不相符。但是IPA协议的重建，对即使是小部分需要申请专利的大学而言，也已经突破了许多制度上的壁垒，让新的实践、规则和技术开始在有限范围内适用和扩散。但是，这些都是未来制度的变迁和新制度形成后在更大范围内适用的关键一步。

另外，新兴科技领域在20世纪70年代兴起，生物医药、信息领域的开拓，带来了生物、医药、软件等技术的快速发展。新兴科技本身的特征要求研发者对科研成果申请专利保护。在大学校园内，参与专利申请的人员增加，逐渐形成了一批专门从事专利活动的人，慢慢地，学校内部也需要有专门的组织机构负责管理专利活动。他们与国会内部不满现有联邦专利政策的人，以及其他支持专利政策改革的人（主要是大学、小企业和其他非营利性的机构），形成了促进专利制度改革的第一行动集团。并对目前僵化、分散的联邦专利管理制度提出修改方案。

（三）第一行动集团的扩大和转译使更多的政治同盟形成第二行动集团

1971年，理查德·尼克松（Richard Nixon）总统还在致力于统一联邦各机构的专利政策，但是，仍然停留在强调“统一的”必要性与需要“灵活的”专利政策的矛盾之中，对于是否需要转变专利权归属也没有明确的态度。1973年，物理学家贝琪·安克·乔治森（Betsy Ancker - Johnson）出任商务部科技司的助理秘书，这个职位是由总统直接任命的，她同时也是政府的专利政策委员会主席，比雷特科尔和拉斯肯的职位还要高。更重要的是，她本人也拥有专利。她认为专利制度不仅是让一部分公共产品进入公共领域，而且是有利于创新的。不管由谁资助，专利权掌握在发明人/创新者本人的手里要比由政府管理更为合适。她很快就与雷特科尔、拉斯肯达成共识，而她的政治地位使他们在推动大学专利制度化形成的影响更大。IPA 协议只是针对联邦政府各机构与其资助的大学之间的专利制度。他们三人认为应该有更加广泛适用的政府专利政策：不管是受到政府基金资助还是签订合同，也不管是由大学、营利机构还是非营利的机构来承担政府的研究课题，其成果的所有权都不应该由政府保留。他们开始寻找机会扩大 IPA 协议的适用范围。

IPA 协议也被其他联邦机构所采用，1973 年，NSF 开始按照 HEW 的模式采用了 IPA 机制。在联邦机构对大学的资助来源中，NSF 仅次于 HEW，两者结合起来对大学的资助达到了 68%。因此，NSF 采用 IPA 机制后，对于 IPA 协议的扩散起到了非常重要的作用。但是 IPA 机制在其他联邦机构中的扩散也仅限于此了。其他联邦机构，比如 NASA，法律对其保密性要求较高，NASA 不太可能用采用 IPA 协议的方式来实现专利权豁免。制度在维持其原有的地位上起到了重要的作用。而另外的联邦机构，其研究经费资助的对象不是以大学为主的，IPA 协议就更不能吸引它们的关注了。如果大学专利活动需要实现制度化，必须有除 IPA 之外的其他途径。

在联邦专利政策正经历着缓慢而艰难的改革过程时，大学内部专门从事专利申请和管理的人员正在形成集体行动者。随着大学申请专利活动的增加，学校需要有专人或者专门的机构来负责专利活动。当时，有的学校将专利管理委托给非营利性的机构——研究公司（Research Corporation，RC）或是大学教师委员会。也有的大学自己成立了独立的法律实体专门负责本校的专利管理，如威斯康星大学的威斯康星校友研究基金会（Wisconsin Alumni Research Fund，WARF）。大学人员通过与研究公司的交流，也逐渐获得了更多的专利管理知识，为大学内部开始培养自己的专利管理人员做了准备。1954～1958 年，签发了 18 份 IPA 协议；1968 年，HEW 开始改革 IPA 协议；三年之后，已经有 37 个大学签署了 IPA 协议；而到 Bayh - Dole 法案出台的前一年，已经有多达 73 个大学签署了 IPA 协议。随着签署 IPA 协议的大学越来越多，迫使大学内部必须有一个特定的人或机构来负责管理专利，哪怕只是负责签署 IPA 协议，或者与 RA 沟通；1974 年，大学专利管理委员会社团（Society of University Patent Administrators，SUPA）终于成立了；1975 年，SUPA 一共有来自 40 所大学的 75 位成员。SUPA

的成立具有重要的意义，它是大学专利制度化过程中出现的专业协会，形成了非正式的社会网络。那个年代，没有网络和计算机，各个大学从事专利活动的人互相都是不认识的，而雷科特尔就活动在这些人中间，成为各个学校交流专利管理信息的纽带。不断扩大的第一行动集团，其声势和行动也会引起掌握更高政治话语权群体的重视，因而促成第二行动集团的聚集。

（四）克服集团遇到的障碍，招募和巩固专利制度变迁行动者网络

第一行动集团和第二行动集团形成后，已经具备了制度变迁的先决条件和熟练的行动者（Skilled Action）。但是制度变迁网络需要进一步招募人员，扩大和巩固网络，最重要的是要有新的制度变迁框架的提出和立法工作。

1976 年，联邦科学技术委员会（Federal Council for Science&Technology，FCST）制定和发布了一部更加全面的联邦专利政策改革法案的草案。这项草案试图明确执行联邦政府资助项目的所有合同，规定了大学、非营利机构、小企业等都有权保留专利所有权。1978 年，这项草案引起了国会议员雷·桑顿（Ray Thornton）的关注和支持。他两次将 FCST 的草案提交到委员会，但是很快被否决。原因是他所在的科学、研究与技术委员会无权对专利制度行使管辖权。同时，草案的内容还受到了参议员盖洛德·尼尔森（Gaylord Nelson）等专利政策自由化人士的反对，他们认为将政府资助的科研成果的所有权赋予企业，这无疑是让政府扮演“圣诞老人”的角色。草案在 NIH 内部也遇到了阻碍。1977 年，HEW 新派来的部长约瑟夫·加利法农（Joseph Califano）要求雷特科尔将所有的专利豁免请求书提交到总法律顾问办公室（General Council's Office，GCO）复审。事实上，GCO 基本不支持任何专利豁免的请求。专利政策的变革受到了极大的阻碍。但是，正是这些冲突，给这些在专利政策变革中聚集起来的“熟练的行动者”以契机。当时，并没有出现一个利益团体有足够的力量促使出台一部主要的专利政策的立法。正如诺斯所说的，议员不可能凭借其自身的单独行动获取成功，他必须与其他议员或一些不同的利益者结盟。从机构的角度来看，联邦政府的管理人员需要聚集更多的掌握资源的支持者，转移他们的兴趣，并消除其他反对的意见。他们也将草案的试用范围缩小到大学、非营利机构和小企业，并且明确重新制定草案的目的是提高美国的国家竞争力。

（五）两个集团的共同作用促成了专利制度变迁：Bayh - Dole 法案的通过

联邦专利政策自由化的支持者将辩论的重点放在公共资助科研成果的利用率方面，他们认为政府持有这些创新的成果不利于吸引第三方的投资人对这些成果的开发。这种观点虽然正确，但是却不能引起更大范围的关注。支持专利制度变迁的行动者开始调整他们的政策目标，将政策的改变与提高美国国家经济竞争力联系在一起。并提出随着日本、德国经济的快速回升，美国的经济地位日益受到威胁，通过刺激创新来提高美国的国家经济竞争力势在必行。而这种论调很快在政治立场上获得了大量的拥护者。

1978 年，美国审计总局（General Accounting Office）提交的报告指出，在联邦政府拥有的 28000 项专利中，只有不到 5% 的专利转让给了企业进行商业化开发。这个事实被用来说明由政府持有专利所有权，不利于这些科研成果的商业化推广。参议员伯尔敕·拜赫（Birch Bayh）在国会听证会上也引用说明，国家每年对研究和开发资助几十亿美元，但是却很难获得实际回报。各个政府机构资助下的科研成果知识产权都必须严格地归各资助机构所有，其他人如想要投资开发，都需经过与各个机构之间复杂的谈判，并且最后这些机构也不是排他性地享有商业开发的权利。这些规定被视为极大地阻碍了第三方对政府资助科研成果的商业开发的热情。应该统一专利政策，并且将“政府享有所有权”修改为“项目承担者所有权”。通过权利归属的转变，盘活联邦政府资助的科研成果的利用水平，保证纳税人利益的实现以及扭转美国经济下滑的现实状况。

1978 年，参议员鲍勃·杜尔（Bob Dole）和伯尔敕·拜赫在不断增加的联邦成员、大学、小企业的支持下，向国会提交了新的立法建议：需要建立更广泛适用的政府许可政策。参议员杜尔公开批评了 HEW 取消专利豁免权的决定，新的立法建议没有像往常一样马上遭到反对，但是在参议院司法委员会中还是没有得到通过。次年，两位参议员又重新提出立法的要求，而最终于 1980 年在参议院和众议院都通过了，这就是 Bayh - Dole 法案。

从产权结构来看，1980 年的 Bayh - Dole 法案的内容主要指向专利和商标这两种知识产权的权利归属问题。对大学而言，联邦政府将其资助下的科研成果的所有权从“国家”的手里让渡给“大学”，以激励大学申请更多的专利和进行专利转让。具体的规定是：美国政府资助的大学发明，所有权可以归大学，前提是大学要尽到促进这些发明商业化的义务。在这个基础上，大学可以独立申请专利和进行专利许可的活动；否则，联邦政府通过行使“介入权”收回产权。在产权完整的体制内，所有权的归属直接指向后续的利益分配。在这个规定下，大学可以通过专利许可获得利益收入，并且将利益收入反馈到进一步的研究中去，对于发明人给予奖励。

总而言之，在上述制度变迁的分析框架内，重新观察 Bayh – Dole 法案所引起的美国专利制度变迁的这段历史可以发现，Bayh – Dole 法案并不是创立美国现代技术转移制度的原因，而是 20 世纪 80 年代美国专利制度化过程以及技术转移机制形成的重要环节。这个过程充满相关利益行动者的辩论、磋商、争论、协调、妥协。主要原因是美国科技政策目标的转变，在增加基础研究投入的同时重视对这些投入后研发成果的开发。由于对僵化和零散的专利制度不满的情绪在国会内部生成，同时新兴技术的出现使得大学内申请专利的活动增加，要求专利制度变迁的力量聚集在一起，促使 IPA 协议重建，是制度变迁发生的原机构。IPA 协议扩散到其他联邦机构，推进了政府向大学“让渡”权利的步伐。大学里专门从事专利管理的“熟练的行动者”与后来出现的专职负责大学专利的管理者和管理机构，还有联邦政府内部出现的主张专利政策自由化的势力联手，成为支持专利制度改革的第一行动集团。第一行动集团不断壮大后，引起更多人的关注，尤其是获得掌握更多政治话语权的人员的支持，他们是能够将第一行动集团提出的变革思路上升到具有立法程序的第二行动集团。两个集团聚集在一起后，不断转译其他人对专利制度改革的兴趣，从而进一步扩大行动者网络的势力。在两个集团共同的努力下，通过了以专利归属权变革为主要内容的 Bayh – Dole 法案。

现在，我们应该跳出制度分析的固有逻辑，再戴上 STS 的“观察眼镜”，那么我们就能进一步发现，Bayh – Dole 法案是美国大学专利活动发展到一定阶段，对原有专利制度变革产生诉求的结果。而随着大学专利活动和技术转移活动进行到另一个阶段，可能会对知识产权的产权分配进行新的设计。这也是为什么在 Bayh – Dole 法案出台 30 周年，美国学术界又重新考量 Bayh – Dole 法案的政策实施效果，以及提出是否专利归属权交给发明人能成为 Bayh – Dole 未来改革方向的原因。由此，也可以看出，专利权归属制度的变迁实质上处于一种动态演化的过程中。因此，“大学所有权归属模式”也不会是最终的制度选择方案，随着其所处制度情景的转变，处于不断的流变中。

二、Bayh – Dole 法案下的“大学所有权归属模式”

接下来，有必要进一步分析 Bayh – Dole 法案的具体内容。1980 年，Bayh – Dole 法案在国会讨论通过时，仅仅适用于大学和非营利性机构，并且规定专利转让的对象只能是美国境内的小企业；1983 年，出台了专利政策的总统备忘录，将 Bayh – Dole 法案的适用范围扩大到所有与政府签订科研合同的项目承担者；1984 年的补充条款更进一步取缔了对专利类型和小企业是专利受让人的限制条款，并且还指定商务部作为监督 Bayh – Dole 法案执行的部门。目前，Bayh – Dole 法案适用于所有在执行联邦政府资助的研究、合作协议、研究合同的发明构思，或者是首次发明的构思来源于上述活动，这些发明的成果均属于承担具体项目的研究机构（但是用于资助学生和博士后科学家的研究成果除外）。

Bayh – Dole 法案出台之前，联邦政府资助下的科研成果归各个联邦机构所有，而且各个联邦机构之间都制定了不同的专利政策，这种模式被称为“国家所有权归属模式”，Bayh – Dole 法案的模式被称为“组织机构所有权模式”，[①] 它扭转了过去由联邦政府资助下科研成果归联邦政府各机构所有的管理制度，赋予受联邦政府资助的项目承担者享有和使用由联邦机构资助下科研成果的知识产权所有权的权利。由于联邦政府资助的主要对象是大学，又由于政策制定者关注学术科研成果的商业化情况，学术界对于 Bayh – Dole 法案的评价，聚集在讨论“大学所有权归属”模式对技术转移的影响上。

现行的 Bayh – Dole 法案体系中关于大学知识产权保护和运用的具体内容包括：①大学可以保留联邦政府资助的研究项目的专利权，但是大学负有披露发明专利的义务。②大学授予政府免予许可费的非排他性使用。

---

① 大学所有权模式是“组织机构所有权”模式的一种。组织机构包括企业、大学、科研机构和其他类型的组织等。在各国的法律制度中，并不会专门就某种特殊的组织机构的知识产权模式进行列举式的规定。但是，对于大学这种特殊的组织，国家重大科研项目的执行主体、大学的科研成果与一般其他机构的科技成果相比具有高质量、高风险、高附加值的特征。并且，各国政策制定者对于受到国家资助的科研成果是否应该申请专利也进行了长期的论证。本书以分析大学专利活动为主，所以在分析组织机构所有权模式时仅仅特指大学这种组织机构的所有权模式。

③获得大学专利排他性许可权的公司必须保证持续地在美国境内生产。④对这些大学专利的市场开发，大学首先要优先许可给小企业（小于500人的企业）。⑤专利许可费用要在发明人与大学之间分配。对其中一些概念的具体解释如下：

大学负有披露的义务：①大学必须与教师或技术人员签订书面合同，要求他们向学校披露和授权其发明成果。②在其向大学披露书面发明成果后的两个月内，大学必须负有向联邦资助机构披露的义务。大学需要就发明的使用情况向资助的联邦机构汇报，但是不要求达到每年汇报一次的频率。

所有权：当大学将发明人披露的发明报告汇报给联邦机构后，大学必须在两年内就发明的专利权做出决定。如果大学不主张专利权，联邦机构就可以主张专利权。大学必须在一年内就发明成果提出专利申请。大学不能将发明的所有权授予第三方，除非是专利管理机构。

转让发明的规定：大学必须允许政府通过签订许可协议获得非排他的、不可转让的、类似于会员制的权利代表美国在世界范围内实施发明的权利。

联邦政府的介入权（Marching Right）：在规定的时限内，大学没有对联邦政府资助下获得的专利进行转让来实现商业化，联邦政府可以决定由谁来进行专利的商业开发，可以要求大学将发明许可给第三方，或者是政府收回发明权以及许可给自己，这被称为政府的“介入权”。大学在进行专利许可时需要优先考虑小企业，前提是这些小企业有资源和实施发明成果转化的能力。但是，如果大企业也对做出发明进行了研究资助，那这些企业也可能被允许获得发明许可。获得排他性许可的企业必须在美国境内制造，除非上述提到的在特殊情况下获得联邦机构的豁免权。

利益分配：转让发明的许可费收入，大学必须与发明人直接进行分配，剩余的收益，除去开支以后，用于继续资助科学研究和教育。但是对于专利许可费的多少比例应该奖励给发明人，Bayh - Dole 法案没有做出特别的规定，这在各个大学也不一致。另外，联邦政府对这些发明还保留非独占、不可转让、不可撤销和免费许可证的权利[①]。Bayh - Dole 法案下的知识产权归属的政策理念是：大学的研究成果是初级的发现，能否转化成具体的产

① COGR Publications “The Bayh - Dole Act: A Guide to the Law and Implementing Regulations”, 37 CFR Part 401, 35 USC 200 - 212.

品或者在工业界的应用前景，需要进行后续的二次开发。比如新药品的研发就是典型的案例。二次开发的费用要远远高于初期的研发投入。要吸引企业对大学的初期研究成果进行二次开发的投资，就需要保证投资人投入后的市场优先地位，而开发许可证的活动能够吸引他们来进行这样的投资，以保证其投资开发新产品后的竞争优势。Bayh－Dole 法案赋予了大学知识产权后，大学可以通过独家或者部分独家许可的方式给投资者以这样的保护。

三、Bayh－Dole 法案对美国大学专利活动的影响

熟知美国大学专利活动历史的人都清楚，20 世纪 70 年代后期开始，美国研究型大学专利申请和专利许可数量开始增长，但是到 20 世纪 80 年代中后期，专利申请和授权的数量增长得更为迅速：1979～1984 年，美国大学和学院获得的专利授权翻了两倍；1984～1989 年，再次翻番，同时，越来越多的大学成立了技术转移办公室（TTO 或者 TLO），作为大学专利申请和专利市场开发的专业机构。1980 年，大约只有 20 所美国大学设有 TTO，到 1990 年 TTO 的数量达到 200 多个，到 2000 年几乎每个研究型大学都建立了自己的 TTO 机构。大学衍生企业（Spin－off）和创业企业（Start－up）也出现了快速的增长。1991 年，大学专利转让的收入为 22000 万美元，到 1997 年，专利转让的收入达到 69800 万美元。是不是 Bayh－Dole 法案带来了美国大学专利数量的快速增长？知识产权归属模式的改变，改善了学术成果商业化开发的政策环境。比如专利数量的增长提高了技术转移的资源基础，而大学技术转移机构的成立又促进了技术转移的实现。

早期研究大学专利活动学者认为，Bayh－Dole 法案的确对美国大学参与专利活动产生了影响，造成了大学专利的重要性和普遍性特征的下降。亨德森（Henderson）等分析了 1965～1988 年美国大学的专利活动，比较了 1980 年前后已获授权的大学专利与其他专利的后续被引用的情况，发现其他机构零引用专利的数量是大学的五倍，然而这种差距在 Bayh－Dole 法案出台之后消除了。他们的观点受到了后来学者的质疑，加州大学伯克利分校的大卫·莫利教授及其研究合作者认为，将大学专利数量的快速增长简单地归结为 Bayh－Dole 法案的影响缺乏有力的实证支持。在 Bayh－Dole 法案出台之前，美国大学的专利数量已经出现快速增长。即使在 1980 年之后，

这种趋势更为明显，但是由于这段时期内美国还出台了若干其他的促进大学技术转移的政策，以及新兴技术的出现，如生物技术、生物医药、通信技术的快速发展对专利的保护提出了更多的要求。与此同时，美国的《专利法》对专利的对象范围做出了更广泛的规定，从生物技术到商业方法再到软件等。因而很难确定 Bayh – Dole 法案对知识产权归属的变化是提高大学专利活动和技术转移水平的最重要的因素。而大学增长的专利中，生物类和通信类的专利占了主要比重。

通过分析 Bayh – Dole 法案的制度形成过程，已经得出 Bayh – Dole 法案是美国大学专利制度化形成过程中的最后一步。因此，它是大学专利活动快速增长的“结果”，而不是“原因”。随着对学术知识商业化或资本化的强调，美国大学对其教职人员所做出的创新活动申请专利保护也被视为大学日常活动的正当内容，对默顿所提出的科学家的行为规范进行重新审视。科学社会学家罗伯特·默顿（Robert Merton）将科学家的精神气质定义为四个方面的特性：普遍性、公有性、无私立性和有组织的怀疑主义，这四个方面也在很长的时间内成为科学的行为规范。然而，随着知识的资本性越来越凸显，默顿规范中科学的公有性面临着公共知识私有化的挑战。除非投资人未来可以对其投资开发的产品享有一定时间内的市场优势，否则投资的结果在未来被复制后，其投资的成本难以收回，从而减少投资人对剩余价值的占有。这种公有制的科学体制缺乏一种对第三方的激励机制。按照这个逻辑，不管是通过公共的渠道还是非排他性的许可制度，目的都是实现纳税人利益的最大化。20 世纪 50 ~ 80 年代，美国联邦政府专利政策的调整措施，目标是促使产业界扩展和学术研究者之间的合作，体现出知识在面临经济和政治环境变化的情况下做出的变革，美国研究型大学在政府拨款之外寻求经济的收益，并为经济的增长做贡献。对“大学所有权归属”方式的选择也不是出于偶然，而是这种归属模式，比起直接将专利权交个发明人，更符合大部分人对大学科研成果的知识产权属性的理解。比起“发明人所有权”的产权归属模式，能够最大限度地减少那些认为对大学科研成果申请知识产权，或进行商业开发所潜在的“公共财产私有化”的人的担心。

第二节　Bayh－Dole 法案的扩散：其他国家知识产权制度改革

受美国 Bayh－Dole 法案的影响，世界各国的政策制定者开始关注如何将提高大学的专利技术的开发率纳入他们的创新政策中来。将知识产权的管理与提高“校企”技术转移联系起来，并且从改变知识产权的归属方式入手重新审视各国的情况。20 世纪 90 年代中后期，欧洲国家放弃了“教授优先权”，1999 年，日本也制定了其本国的 Bayh－Dole 法案，许多发展中国家也有类似的做法。一时间，知识产权制度，尤其是知识产权归属的安排，被认为是影响大学技术转移效率的关键因素。

一、欧洲国家放弃“教授优先权”

过去，欧洲国家的政策制定者很少关注学术科研成果的商业化开发的问题，一般认为大学的研究成果理应进入公共领域。但是，大学的教授有权对其科研成果申请专利保护，如果得到授权，还可以通过专利转让获取收益，这被称为“教授优先权”（Professors’ Privilege）。1993 年，《欧洲白皮书》中提出，欧洲的研究和产业化基地在将从科学研究中取得的突破或技术成果进行商业化开发方面的能力比较薄弱。《欧洲创新绿皮书》进一步将这个问题称为“欧洲悖论”：欧洲具有强大的科学基础，但是却不能很好地转化成经济增长的推动力。

欧洲各国政府和企业都认为应该出台新的政策，提高科研成果的商业化开发能力。欧洲委员会认为，解决这个问题的关键是如何更好地利用公共资助的科研成果。欧洲的大学也意识到与美国的大学相比，它们在专利申请和专利转让方面的能力非常有限。它们认为，Bayh－Dole 法案对促进美国大学专利数量和学术科研成果的商业利用上起着重要的激励作用。20 世纪 90 年代中期开始，欧洲各国的政策制定者开始着手调整其本国与学术科研成果相关的知识产权政策。2000 年，丹麦成为欧洲国家中率先放弃“教授优先权”的国家。丹麦的“教授优先权”自 1957 年开始实施：丹麦的教授拥有从其研究成果中获得知识产权所有权的权利。2000 年以后，这样的规定发生了变化，取而代之的是将知识产权所有权赋予大学；2001～2007年，德国、澳大利亚、挪威、芬兰也相继放弃了“教授优先权”。目前，欧洲国家中，仅有意大利和瑞典没有实行“大学所有权制度”，但是瑞典近期也正在研究是否应该这样做。

经济合作与发展组织（OECD）的报告指出，Bayh－Dole法案的权利归属模式在OECD成员国内成为一种被普遍模仿的趋势，这些国家也允许执行政府科研项目的大学或小企业对其研究成果申请专利和专利许可。欧洲国家对Bayh－Dole法案的政策学习引起了诸多学者的兴趣，尼古拉·波尔蒂尼（Nicola Baldini）等研究了意大利大学专利管理制度变化前后大学的专利活动；莫利和萨姆帕特讨论了Bayh－Dole法案对于OECD国家的适用性；阿尔杜·吉娜（Alto Geuna）和菲德瑞克·罗斯（Federica Rossi）认为欧洲国家虽然模仿了Bayh－Dole法案，但是在每个国家，具体的规定存在较大的差异。如果仅仅像分析美国Bayh－Dole法案对大学专利活动的影响一样来分析欧洲的大学，显然会得到错误的结论，也无从分析欧洲知识产权所有权体系的演化特征。他们将欧洲国家的知识产权管理模式的变革分为以下五种类型（见表6－1）。

表6－1　欧洲部分大学的知识产权所有权制度变迁时间

欧洲国家		组织机构所有权（Institution）
第一类	瑞士	1911年
	英国	1977年/1985年
	西班牙	1986年
第二类	法国	1982年
	希腊	1995年
第三类	丹麦	2000年
	德国	2001年
	澳大利亚	2002年
	斯洛文尼亚	2006年
	挪威	2002年
	比利时	1997年/1998年
	捷克共和国	1990年
	芬兰	2007年/2010年
	德国	2001年
	匈牙利	2006年

续表

欧洲国家		组织机构所有权（Institution）
第三类	荷兰	1995 年
	波兰	2000 年
	斯洛伐克	2000 年
第四类	意大利	2001 年/2005 年
第五类	瑞典	1994 年

资料来源：笔者在吉娜和罗斯的研究基础上整理而成。

第一种模式：最早采用大学所有权模式的国家包括英国、西班牙、瑞士。英国是欧洲最早实施大学对学术知识产权享有所有权模式的国家。英国 1977 年的《专利法》规定，雇主对其雇员的发明享有所有权，大学也不例外。

从 1948 年开始，英国规定学术研究知识产权由国家研究发展公司（National Research Develoment Corporation，NRDC）管理，NRDC 由政府机构管理，其于 1981 年与全国企业局（the National Enterprise Board）合并成立了英国技术集团（BTG），并对公共资助的研究成果有排他性的商业开发的权利，直到 1985 年，英国的大学被许可选择是否自行拥有和管理其专利，或是依靠 BTG 提供服务。1992 年，BTG 私有化改制，成为知识产权经纪人，为大学和其他公司提供服务，收取佣金。虽然，英国的大学可以对其雇员的发明成果主张所有权的权利，但是英国大学专利申请活动出现快速增长，是在 1993 年英国贸易和工业部发布白皮书《认识我们的潜力》（*Realizing Our Potential*）后，其呼吁大学要在国家创新和竞争力中发挥重要作用。此后，英国出台了多项政策报告和文件鼓励大学与外界合作，促进科研成果商业化。2001 年，英国专利局出台了一项针对承担政府科研项目的知识产权归属的政策指南[①]，针对政府资助的研究成果的知识产权归属和技术转移的问题，明确规定知识产权的所有权可以由研究提供者（Research Provider）享有。

西班牙也是采取大学知识产权管理制度的国家，20 世纪 80 年代的大学改革法案允许大学研究人员从与企业签订的合同中获得收入，其中包括与专利相关的活动。1986 年通过的“科学法案”（The 1986 Law for the Promotion and General Coordination of Scientific and Technological Research）要求大学和公共研究机构保留其研究成果的所有权，这与美国 Bayh – Dole 法案的

① Intellectual Property in Government Research Contracts.

内容十分相似，但是并不意味着直接受到美国 Bayh – Dole 法案模式的影响。

第二种模式：法国和希腊也是采用组织制度所有权的国家，但是在执行力度上较弱。法国的大学主要以教学为主，并受到中央政府的严格管理。因而，实际上在法国，大学虽然可以主张成为专利权人，但是这种情况很少。20 世纪 70 年代开始，大学的自主权、参与研究以及与公共研究机构之间的合作开始增加。教授和研究人员是国家公务员，因此其研究成果属于其雇主——大学。但是大学通常情况下并没有保留这些权利，因为不利于知识扩散和吸引企业的投资。1999 年，为了解决大学与企业之间低水平的合作和知识转移的现状，法国政府出台了“创新法案”，目的是提高大学对知识产权所有权的意识，并通过建设技术转移基础设施来促进其商业化开发。然而在法国，虽然大学有权获得专利权，但实际上这种情况比较少。

第三种模式：实施较强“教授优先权”（Professor Privilege）模式的国家于 2000 年左右转而开始实施组织机构所有权的有德国、丹麦、挪威、芬兰、澳大利亚。德国在 2002 年废除了教授对其研究成果享有优先所有权的规定，新规定允许大学可以对其研究人员的发明申请专利，由大学承担所有专利申请费用，将专利收益中的 30% 给予发明人。但是大学在一定时期内没有实施这项权利时，发明人可以再次取得专利权。这一项改变是基于德国的政策制定者认为研究人员可能不愿意或者没有能力对其研究成果通过申请专利来实现商业上的应用。同样有权利反转的国家还有希腊、捷克、丹麦以及立陶宛等。

第四种模式：与大多数欧洲国家向大学所有权模式转变相反的是，意大利从大学所有权转向了发明人所有权模式。意大利的知识产权法律制度可以追溯到 1939 年，规定雇员在其工作期间的任何发明都必须属于雇主。在 20 世纪 90 年代之前，意大利的大学归教育部管理，大学本身的决策权和财政自主权非常有限。大学对知识产权的商业化开发本身也兴趣不大，因为它们并不能从中得到任何收入。2001 年，新制定的法律规定发明人对其研究成果享有所有权，大学从专利费中获得 30% ~50% 的收入。而且，如果发明人在申请专利后五年内没有对其进行商业化的开发，大学可以免费获得非排他性的使用权。这项法律的通过是基于其政策制定者认为，大学本身不具备对新发明的商业开发的能力，这一理念恰恰与德国政策制定者调整其所有权归属的初衷相反。2005 年，新修订的法律规定发明人所有权仅适用于资助经费全部来自政府的情况下，对于那些由私有企业、政府或者其他跨国机构同时资助的项目，所有权应该归学校。这项规定实际上大大降低了发明人所有权在现实中的操作性。

第五种模式：继续保留“教授特权”模式的国家是瑞典。瑞典从 1949 年开始采用发明人所有权。虽然知识产权的所有权归属模式没有发生变化，但是大学的资助规定、对待大学技术转移的文化和政策态度均发生了变化。另外，意大利的发明人所有权适用的范围包括所有雇员和参与大学科研的第三人。而瑞典的法律仅仅适用于教师、博士后、博士研究生这三种身份的研究人员。在瑞典生物技术企业组织（Swedish Biotechnology Industry Organization）的强力保护下，允许研究人员获取所有专利的收入，同时也必须承担专利获得的一切费用。

基于对欧洲国家的上述五种知识产权归属模式的具体内容的分析可以看出，实际上，“发明人所有权”模式在欧洲并没有完全被放弃。比如第三种模式中的澳大利亚、德国、芬兰虽然将大学作为第一专利权人，但是又规定了大学如果在规定的时期内没有对这些成果明确专利权，那么就会被视为自动放弃给了发明人。

对于公共资助科研成果的知识产权归属的调整，虽然大的趋势是向大学享有所有权制度改变，但是欧洲各国的规定有着很大的不同，而这些不同是其法律传统、对大学功能的认识以及大学的传统等多方面的社会因素所造成的，同时也影响了制度改变的进程和实施的力度。比如，澳大利亚、西班牙、德国、比利时、丹麦、挪威等国家的规定中有“优先认股/认购权”（Pre－emption Right）。前三个国家规定大学在一定时期内是专利权的第一权利人，如果没有行使这项权利则视为放弃，发明人可以继而声称优先权。它们采用发明人所有权制度，但是如果发明人在一定的期限内没有使用这些权利，大学便可以作为第二权利人来行使专利权。而法国、荷兰、波兰、葡萄牙、斯洛伐克、西班牙等国家奉行“自动获得所有权”（Automatic Ownership），大学是知识产权的第一权利人，而且并没有发明人可以成为第二行为人之说。而英国、芬兰、瑞士和匈牙利实行的知识产权所有权制度是“混合制”，根据创新的类型、研究经费的来源等来确定。例如，芬兰将研究型分为“合同制研究”（Contract Research）和“开放式研究”（Open Research），前一类研究成果的知识产权自动由大学获取，后一类研究成果的知识产权属于发明人，大学只有在发明人不打算使用或者公开发表的情况下获得所有权。这种模式也被称为“有保留的教授优先权”（Qualified Professor's Privilege）。此外，德国、希腊和匈牙利等国家则区分“职务发明”（Service Invention）和“自由发明”（Free Invention），前者是指教职员工在学校工作期间完成的发明成果，由大学作为知识产权的所有权人；后者则指教职员工在本职工作之外完成的发明成果，这部分成果的所有权理所当然归发明人所有，但是学校也可以基于“非排他性许可”的方式对这些发明成果进行商业开发。

二、日本 Bayh – Dole 法案

1998 ~2004 年，日本的技术转移体系是在模仿美国 Bayh – Dole 法案的基础上建立起来的。在这段时期内，日本制定了若干新的法律，这些新的法律塑造了新的日本技术转移的法律体系：1998 年颁布的《促进大学技术转移法案》[①]、1999 年颁布的《工业振兴法案》、2000 年颁布的《加强工业技术法案》[②] 以及 2004 年开始生效的《日本国立大学法人法》[③]。

1999 年，《工业振兴法案》的特殊条款，被称为“日本 Bayh – Dole 法案”(Japan Bayh – Dole Law of 1999，以下简称 JBD)[④]，源于它对美国 Bayh – Dole 法案的模仿而得名[⑤]。日本政府顾问委员会认为已有的产权归属模式对于大学参与技术转移缺乏足够的激励作用；在法律主体地位上，大学也不具备管理其发明的适格性，从而降低了大学帮助这些科研成果最大商业化的动力。

在 JBD 出台之前，日本实行的是双规制的大学知识产权归属模式，既有“国家所有”，也有“发明人所有”。由特殊的 R&D 项目资助下的发明所有权属于国家发明，特殊 R&D 项目资助包括文部科学省（MEXT）的应急

---

① *The 1998 Law to Promote the Transfer of University Technologies*，该法律的出台，考虑到大学里有大量的休眠专利不被企业所用，为了鼓励大学发明进入商业开发领域，首先从法律上肯定了大学发明向企业转化的合法性和透明性。

② *The 2000 Law to Strengthen Industiral Technology*，该法案规定大学的研究人员获得为公司咨询、建立和管理公司权限的法定程序，以及简化了公司赞助大学和联合研究的程序。

③ *The University Incorporation Law*，日本国立大学原本是属于文部省的一个分支机构，《国立大学法人法》生效以后，这些大学获得了独立的法人地位，而按照《日本专利法》（第 35 条）的规定和《日本 Bayh – Dole 法案》，由于获得了独立的法人地位，国立大学可以取得申请知识产权的法律主体适格性，可以作为雇主对雇员做出的发明申请知识产权的权利。

④ *The 1999 Law of Special Measures to Revive Industry*，JBD 当时并不适用于国立大学，直到《国立大学法人法》在 2004 年生效后，国立大学获得半独立的法律主体地位后才能适用 JBD。

⑤ 日本经济、贸易与工业委员会认为知识产权相关的法律是带来美国经济复苏的主要原因。日本政府组织了知识产权委员会，并在 1997 年 4 月发布的报告中指出促进大学和研究机构技术开发的重要性。日本 Bayh – Dole 法案颁布以后，日本大学提起的专利申请出现快速增长，尤其是技术转移办公室的专利申请数从 1998 年的 16 个增长到 2001 年的 699 个。

项目（Grants - in - aid）[①] 或基于合同的研究[②]。只有两种例外的情况：一是日本政府不是其投资研发获得的知识产权的所有权人，二是国际合作研发项目或者是非营利性组织是联合研发投资人。因而，可以预见的是，日本大学一半以上的发明都属于国家发明。

日本大学和研究机构的工作人员，不管是不是执行政府资助的项目，如果想对国家发明进行商业化开发，就需要获得政府的同意，其程序非常复杂。而且，由国家拥有所有权，需要由政府机构来管理这些专利申请，并且第三方获得的只是非排他的专利许可权，这在企业和许多大学发明人看来都不利于构建技术转移的知识产权制度。另外，企业捐助是日本大学R&D 经费的另一个重要来源，日本企业会给大学实验室数量众多的小额捐款，而教职员工也更加喜欢这种方式的赞助，因为限制更少。作为对企业捐赠的回馈，教授需要通知赞助方其研究的进展，并且允许赞助方对其研究成果提出专利申请，而且，也会鼓励合适的学生在其毕业之后到赞助企业去工作。为了保持议价的实力，大学发明人尽可能地避免其发明落入国家发明的类别中，但署名发明资金的来源很容易受到操纵，因此，几乎所有的在商业上有用的发明都来源于企业捐赠或标准研究津贴，即许多具体项目从政府的特殊项目拨款中受益[③]。换句话说，捐赠或是官方允许的不用署名基金来源的发明使得企业可以合理地获得政府资助下的发明的使用权。除了知识产权的管理制度，大学的人事管理制度也阻碍了技术转移。大学教授不能公开为企业做咨询，也不能获得在企业的管理职位。2000 年以前，国立大学的教授也不能独立创办企业 JBD。在技术转移的过程中，大学作为机构在其中持股的比例很小，不能获得技术转让费或者在衍生企业中享有股权。大学只能获得一些间接的收益，比如通过回馈给大学研究经费等。

JBD 广泛地吸收了 Bayh - Dole 法案的内容，而且比起 Bayh - Dole，JBD 覆盖的知识产权的范围更广，不仅局限在专利权，还包括其他种类的知识产权[④]。对于知识产权的转让，并没有规定必须是日本的小企业或者是日本

---

① 文部科学省的应急项目是学术 R&D 政府竞争项目的主要来源。

② 不管是委托合同还是联合研发，也不管赞助机构是私立组织还是政府组织。

③ 日本大学 R&D 经费来源，其中政府特殊项目的拨款是所有企业对大学 R&D 经费资助的三倍多（Kneller，2003）。

④ 专利权和专利申请权；实用新型注册权和获得实用新型的注册权；电脑程序和数据版权；集成电路芯片布图以及获得集成电路芯片布图的申请权；植物多样性种子及其注册权。

企业优先①。另外，政府还享有较大的自由裁量权，可以对大学和研究机构提起的知识产权进行否决。JBD 与美国的 Bayh - Dole 法案非常类似，都是将政府所有权移交给大学或科研机构，以此来促进技术的商业化开发。

三、Bayh - Dole 法案的未来：发明人所有权是否可能？

考虑到学术界和企业界之间信息的不对称，通过赋予大学知识产权的方式让大学参与分享发明人的创新活动，能更加积极地促进大学对这些成果进行商业推广的兴趣。这是“大学所有权模式”的制度安排对大学的激励作用。应避免将政府资助下的研究成果束之高阁，变成“休眠专利（或成果）”。Bayh - Dole 法案自实施以来已经运行 30 多年，当世界各国对 Bayh - Dole 法案的模仿如火如荼地进行时，美国学术界开始反思 Bayh - Dole 法案②，并针对 Bayh - Dole 法案的核心内容——知识产权归属模式——是否需要加以修改以适应新时期大学技术转移的需求展开了激烈的争论。讨论的问题集中在：现行的大学所有权这种产权模式是不是最有效地促进技术转移的制度安排；是否应该让产权更接近于其实际完成人，进而削弱大学的产权，或许是采用更合理的产权制度。因此，要不要改动现行 Bayh - Dole法案的产权模式，以及要不要将“发明人所有权”纳入其未来的修改内容中去成为学术界非常关心的话题。

加州大学戴维斯分校人类与社会发展系的马丁·凯尼教授和唐纳德·帕特研究员认为从促进学术科研成果的技术转移的效率而言，“大学所有权模式”未必是最佳的。按照 Bayh - Dole 法案的产权归属要求，大学是公共资助下科研成果知识产权的唯一所有权人，大学发明人首先应该对大学披露其研究结果，并且委托大学技术转移办公室来对其科研成果进行商业运作（公共资助的科研成果）。因而，大学技术转移办公室成了唯一的既定组织，这样的安排无论是从经济效率、迅速实现商业开发，还是鼓励大学创业几个方面都不是最有效率的。其中存在着信息不对称、激励机制不足等缺陷，还会导致商业化推广的滞后和不确定性成本的增加以及技术的灰色市场的出现。

---

① JBD 的目的是扩大企业的资源基础，复苏日本下滑的经济。

② 相关的文章可以参考 2011 年《政策研究》（*Research Poilicy*），它以“Bayh - Dole 法案”为专题出版了一期专刊，共刊登了八篇文章，回顾了 Bayh - Dole 法案的发展路径、方向及对政策的反思。

这种产权模式本身缺乏灵活性，限定了大学教师自己通过天使投资、风险投资和社会网络来创立企业的可能性。而且没有证据表明，大学在成为知识产权所有权人的情况下，技术转移的水平明显提高了。相反，比如剑桥大学在发明人所有权模式下的技术转移很成功，而在其改为大学所有权以后，反而使得大学的创业活动水平降低了。同样的情况在英国、日本和丹麦也有出现。

针对 Bayh – Dole 法案对于知识产权归属模式未来可能调整的方向，马丁·凯尼教授和唐纳德·帕特研究员提出了两条建议：第一，允许发明人享有政府资助科研成果的知识产权及技术转让的权利，这也被称为“发明人所有权”模式。这样他们可以选择通过天使投资、个人社会网络、风险投资，或是技术转移办公室来实现技术转让，这种模式能够拓宽技术转移的途径。第二，削弱大学所有权的权限。有两种具体的操作方式，一是所有大学的发明均应该进入公共领域，在公共领域模式下，大学的管理者并不介入发明的转让活动；二是可以采取较弱的改变方式，即大学所有权模式下的非排他性的许可权。他们的上述建议，就像当初 Bayh – Dole 法案提起时不被大多数人认可一样，引起了许多其他学者的广泛争论。事实上，“发明人所有权”也不是什么新的产权模式，早在 Bayh – Dole 法案草案提起之初，美国国会就经历过一番争论了，结果大多数人难以接受这个观点。现在反对“发明人所有权”的产权归属方式的论点和当时没有太大差异，不能接受的主要原因还是“公共产品私有化”过程中可能面临的风险问题。

早在 1963 年，时任美国卫生部（NIH）专利顾问的诺曼·雷特科尔就提出政府不具有管理和开发专利的能力，因而由政府享有所有权不利于这些专利的开发，他认为专利越接近于发明人越有可能对其进行未来的商业开发。这是“发明人所有权”最早的提议，当然这个观点在当时并没有被采纳。原因很简单，反对者担心的是，“发明人所有权”归属模式是明目张胆地将国家资助的科研成果私有化，而它们本应该进入公共领域。在经历了一系列的磋商、辩论、争论后，Bayh – Dole 法案草案修改为将知识产权交给“大学”而不是“发明人”。并不是因为这个模式最佳，而是因为它更加容易被大多数人接受。包括起初的坚决拥护“政府所有权”的一方也开始赞同这种模式。这种磋商的结果首先就是一种妥协，这并不意味着从实现技术转移的效率来说是最佳的制度安排。剑桥大学和斯坦福大学都曾经采用过发明人所有权模式，目前也没有实证表明它们在将知识产权归属权交给大学之后，更有力地促进了技术转移活动。目前北美地区的大学中，只有加拿大的滑铁卢大学还在采用“发明人所有权”，它们认为这样能够给予发明人最大的激励。凯瑟琳·A. 何伊（Katherine A. Hoy）的博士论文研究了加拿大大学的知识产权政策，发现当采用了“发明人所有权”以后，学校教职员工提出专利申请的数量出现明显的增长。马丁和唐纳德比较分析了六所北美大学成立衍生企业的情况，研究发现滑铁卢大学在成立衍生企业方面非常成功。这些研究让我们反思 Bayh - Dole 法案的产权模式可能并不是有利于大学技术转移的唯一行之有效的方式①。

马丁和唐纳德进一步指出，提出“发明人所有权”，主要是针对目前 Bayh - Dole 法案的“大学所有权归属模式”成为世界各国争先模仿对象的现实情况②。从技术转移的效率上来看，Bayh - Dole 法案在美国也未必就是最佳的制度安排。对模仿国而言，由于制度环境的差异性，模仿 Bayh - Dole 法案可能会让它们面临许多风险和挑战。Bayh - Dole 法案在美国的运行过程中，对大学技术转移途径的选择也存在限制，从而不利于技术成果的商业开发。而如果将所有权交给“发明人”，更能够拓宽大学专利技术转移的途径。由于大学专利活动商业化开发是一个复杂的过程，科研成果能否转化成实际的产品，其中存在许多不确定性的因素。在这种情况下，采取“并行路径策略”（Parallel Path Strategy）才能提高其商业化成功的概率③。而“发明人所有权模式”正符合并行路径策略原则。南森·罗森伯格

---

① 唐纳德用了两年的时间搜集和统计了这六所大学的衍生企业数据。研究结果指出，在计算机领域，加拿大的滑铁卢大学比其他五所实施“大学所有权模式”的美国大学所创立的衍生企业要多。

② 基于马丁和唐纳德的访谈。

③ 尼尔森（Nelson，1961）在讨论美国军事领域的研发活动时，认为并行路径策略是一种有效的战略策略。当美国空军面临如何从多个竞争的项目设计中选择最有效发展现代战斗机的发展战略时，基于部分信息做出最终决定的最好时机应该是等到有足够的信息的时候。并行路径策略的分析逻辑是，如果达到特定的目的的最好途径存在大量的不确定性，并且有可能在开发工作开始之前大大降低不确定性，那么并行路径策略便是非常有效的方式。决定可以同时进行的项目的因素包括：一是在项目竞争阶段运行项目的成本；二是项目竞争阶段估计预期的改善；三是估计竞争项目的成本和性能之间的差异；四是竞争项目设计的相似性和不同。如果早期的开发成本很小而估计的预期改善很大，并且因为用于基础评价的数据很少，竞争的项目间预期的成本和性能之间具有相似性，但是设计有很大的不同，那么有必要将几个项目同时开发。相反，如果初始阶段的开发费用高，可能获得的重要的额外信息又很少，同时竞争项目的设计相似，可以明显看出其中一个项目要优于其他项目，那么就可以直接选择这个项目开发。在什么情况下并行路径策略很有效呢？当对技术进步的追求很大，并测试项目原型时可以获得许多额外的信息，运行几个项目原型时的成本要低于整个系统的成本时。并行路径策略对于降低成本，以及在时间紧迫的情况下解决初始阶段的不确定性很有效，尤其在涉及多个项目承包商的情况下，并行路径策略可以为决策者提供互补的政策选择。

（Nathan Rosenberg）认为技术创新就如同军事研究活动。初期面临着大量的不确定性，然而核心的信息可能在未来的某个时刻才能获得，那么一开始就将自己束缚在既有的框架下的做法是很愚蠢的，这将剥夺我们获取额外有益信息的机会，它们或许就是决定成败的关键。这肯定了在大量不确定性因素存在的情况下，并行路径策略是非常有效的战略策略。

大学专利技术的商业化开发（技术转移）恰恰是这样一个充满了不确定性的复杂的过程。Bayh－Dole 法案框架下的大学所有权模式，规定了发明人必须将其研发成果披露给大学，大学技术转移办公室成了既定的商业开发的唯一组织。然而，如果是发明人所有权，那么发明人可以自行选择是将专利推广权交给大学或寻找外部的经济资源，还是基于自己的社会网络来将其研究成果推向市场。在没有足够的信息能够证明大学比发明人更适合有效地实现技术转移的情况下，采用并行路径策略是合理的选择，而发明人所有权模式恰恰提供了这种可能。

美国学术界对 Bayh－Dole 法案产权安排的重新思索，也给了其他试图或已经在模仿 Bayh－Dole 法案的政策制定者以启示。技术转移和产权归属在美国和 OECD 国家存在许多的差异。Bayh－Dole 法案调整的知识产权权利归属的对象是针对联邦政府资助下的技术成果的权利属性问题，对于其他州政府资助、捐助或者其他途径获得的资金资助下的科研成果的权利归属则是另外一种调整模式。Bayh－Dole 法案的知识产权归属模式是不是大学技术转移实现的最有效安排，实际上还缺乏充分的实证研究的支持。制度变迁产生的原因不同，受其调整的利益行动者的反馈也是不一致的。比如提高大学的收入，没有明确地出现在 Bayh－Dole 法案中。比较这种差距的发生，对于我们更好地认识 Bayh－Dole 法案非常重要。

第三节 是否存在中国的 Bayh－Dole 法案？

Bayh－Dole 法案的贡献在于，它从制度的层面将知识产权的归属模式与大学技术转移链接起来。它对世界其他国家的影响表现在，让许多国家的政策制定者认为通过改变知识产权的归属模式能够提高大学的技术转移效率，并掀起了模仿 Bayh－Dole 法案的潮流。在这样的背景下，即便是产权概念并不发达的发展中国家①，也开始模仿 Bayh - Dole 法案。比如印度、巴西、南非、马来西亚、约旦、中国、韩国等也在考虑制定与美国 Bayh - Dole 法案类似的法律。但是，在已有的研究中，对于所谓“中国 Bayh - Dole 法案”所指称的对象并不一致。本节分析了中国知识产权政策体系的演进，探讨了“中国 Bayh - Dole 法案”称谓的由来，发现这些政策和法律与 Bayh - Dole 法案之间实际存在较大的差异。最后指出，中国知识产权政策演变的根本原因是中国制度转型和发展推动的结果。即使在产权归属的演变路径上与美国 Bayh - Dole 法案存在类似的地方，但其发生的原因、适用的机制以及作用于技术转移的方式却大不相同。

一、何谓“中国的 Bayh - Dole 法案”?

2000 ~ 2003 年，针对政府投入的科研项目的知识产权管理，我国科技部单独或与其他部委联合，集中出台了若干知识产权政策。其中，知识产权归属的界定方式和原则被作为重要的政策问题加以研究。在学术界，许多人认为这些政策的出台和法律的修订受到 Bayh - Dole 法案的影响。因而，有研究将 2000 ~ 2003 年科技部和其他部委出台的知识产权政策称为“中国的 Bayh - Dole 法案体系”。之所以这样认为，最主要的原因是这些政策所调整的知识产权是在国家科技投入/财政投入下的研究成果，目的是提高这类知识产权的应用。在此之前，我国并没有就这类知识产权归属做出特殊的政策安排。知识产权政策出台的频繁程度也反映了我国对于这类知识产权的保护、管理和使用的重视和探索（见表 6 - 2）。

表 6 - 2　政府投入科研项目的知识产权管理相关的政策

年份	制定部门	政策
2000	科技部	《关于加强与科技有关的知识产权保护和管理工作的若干意见》
2002	科技部、财政部	《关于国家科研计划项目研究成果知识产权管理的若干规定》
2003	科技部	《关于加强国家科技计划知识产权管理的暂行规定》

① 关于发达和不发达国家的界定，这些研究中是参照世界贸易组织（WTO）的列表区分，WTO 本身并不对两者进行定义上的区分，而是根据这些国家在加入世贸组织时自己的申请，但是申请并不是自动获得，而是要经过 WTO 的认定后确定。

续表

年份	制定部门	政策
2003	科技部	《关于加强国家科技计划知识产权管理的规定》
2006	科技部等	《国家高技术研究发展计划》（863 计划）
2010	科技部、国家发改委、财政部、国家知识产权局	《国家科技重大专项知识产权管理暂行规定》

2000 年 12 月 20 日，科技部出台了《关于加强与科技有关的知识产权保护和管理工作的若干意见》（以下简称《意见》）（2000），最早提出要“逐步调整科技成果的知识产权归属政策，以激励科研机构、高新技术企业和科技人员参与技术创新”。《意见》（2000）明确提出“科技成果的知识产权归属”是“调整科研开发和成果转化中各方当事人技术、经济利益关系的重要杠杆”。并规定“除涉及国家重大利益、国家安全和社会公共利益”为目的，并由科技计划项目主管部门与承担单位在合同中“明确约定”的情况外，科技成果的知识产权“可以”由项目承担单位“所有”。《意见》（2000）中还提出要将知识产权作为无形资产对待。

2002 年，科技部和财政部共同制定了《关于国家科研计划项目研究成果知识产权管理的若干规定》（以下简称《规定》）（2002）。《规定》（2002）指出 1998 年国家的几个重大科技计划（攀登、863 计划、科技攻关、火炬、星火）完成成果的专利授权量为 1369 件，而其中发明专利仅为 462 件。一个原因就是“知识产权的归属模式”设计的问题，即“长期以来过分强调国家所有，实践中形成了形式上国家所有，事实上单位所有”的产权归属方式，造成了权利人“权利与义务、权限与职责之间的不清楚”，作为所有权人的单位，缺乏对国家财政资金资助的科研项目申请知识产权的激励效应。国家只能通过制定政策来激发这些科研成果的开发，其本身并不具备对它们的管理和开发的能力。《规定》（2002）吸收了《意见》（2000）中与科技相关的知识产权归属的认识和规定，进一步肯定了由国家科研计划项目中获得的知识产权，其所有权归“项目承担者”。最终，《规定》（2002）的出台，让国家财政科技投入中形成的科技成果的知识产权归属有了统一的规定：“除涉及国家安全、国家利益和重大社会公共利益以外，国家‘授予’科研项目承担单位。”实际上反映出，承担国家科技计划项目的项目承担者之所以能够成为知识产权所有权人，本质上是源于国家对知识产权的“让渡”。言下之意，从产权的法律属性来看，这并不是一种自然权利，而是一种继受权①。因此，对于项目承担者，他们享有知识产权的所有权，“有权自主决定实施、许可他人实施、转让、作价入股等，并取得相应的收益”。但是，在特定情况下，国家根据需要保留“无偿”“使用、开发、使之有效利用和获取收益”的权利。《规定》（2002）经国务院转发，具有行政法规的效力。因此，也有研究者将《规定》（2002）视为“中国的 Bayh - Dole 法案”。

2003 年 4 月，科技部又发布了《关于加强国家科技计划知识产权管理工作的规定》，提出要全面落实专利战略。在知识产权的归属界定原则方面，也保持了《规定》（2002）中的规定，只是进一步删除了“国家根据需要保留无偿使用、开发、使之有效利用和获取收益的权利”这一条款。同年 6 月，科技部再次发布《关于加强国家科技计划知识产权管理的暂行规定》，提出建立国家科技“重大成果”② 报告制度。对于重大成果的归属，计划管理机构应该通过合同“约定”国家和项目承担单位各自对研究成果和知识产权拥有的权益。从 2000 ~ 2003 年的知识产权归属的界定方式中可以看出，国家对项目承担单位就知识产权的所有权归属问题持一种逐步放宽的态度，目的是通过“放权”激励科研项目承担单位在管理、使用和开发知识产权方面的积极性和自主性。

而更多的研究将 2007 年的《科学技术进步法》称为“中国的 Bayh - Dole 法案”。这是对 1993 年《科学技术进步法》的修订，修订后的法律第二十一、第二十二对 Bayh - Dole 法案内容的吸收更加全面，不仅在适用的范围上更广（不限于国家科技计划项目产生的知识产权），从法律层级上也要高于 2002 ~ 2003 年由科技部等部委出台的意见和规定。2007 年 12 月 17 日，国家知识产权局举办了知识产权战略研讨会，专门邀请 Bayh - Dole 法案的主要起草人贝赫（Birch Bayh）做关于 Bayh - Dole 法案的专题报告，目的也是拓宽我国知识产权工作者的事业，推进国家知识产权战略的实施。

2005 年 4 月，国家知识产权局启动了《专利法》第三次修改工作，并于 2006 年 12 月 17 日向国务院提交《专利法（修订草案送审稿）》。其中第

① 所谓继受权，是相对于自然权利而言的，是指根据法律的规定而享有的权利。

② 科研成果涉及国家安全、国家利益和重大社会公共利益。

九条建议："承担以国家财政资助为主的科研项目所完成的发明创造，除涉及国家安全或者重大利益的以外，申请专利的权利属于科研项目承担单位。申请被批准后，单位为专利权人。"有学者认为这个条款首次反映出，我国试图将 Bayh－Dole 法案的内容纳入《专利法》。为了配合实施新的《专利法》，国家知识产权局于 2007 年启动了《专利法》实施细则的修改工作，并起草了《专利法实施条例修订草案（征求意见稿）》。2008 年 12 月 27 日《专利法》修改通过，2009 年 10 月 1 日起开始施行①。但是，在新公布的《专利法》中，并没有看到送审稿中第九条的建议。笔者认为，可能是由于《专利法》是所有有关科技发明活动的母法，而在《专利权》的归属设计上，已经区分了职务发明的认定原则。而第九条所称的"国家财政资助"项目的产权归属理应在职务发明的范畴，因而似乎没有必要就这类科研活动的知识产权归属做出特殊的权属认定说明，否则有重复界定之嫌。2010 年，由科技部、知识产权局等部门联合制定了《国家科技重大专项知识产权管理暂行规定》（以下简称《重大》）（2010）。表 6－3 给出了大学科研成果知识产权归属所要依据的法律和政策。

表 6－3 大学知识产权权利归属所依据的法律和政策对照

现行《专利法》（2008）及《专利法实施条例》（2010）	《科学技术进步法》（2007）	国家科技计划资助项目（2000，2002，2003，2006，2010）
第六条：执行本单位的任务或者主要是利用本单位的物质技术条件所完成的发明创造为职务发明（《专利法》）。职务发明的界定：①在本职工作中做出的发明创造；②履行本单位交付的本职工作之外任务所做出的发明创造；③退休、调离原单位后或者劳动、人事关系终止后 1 年内做出的，与其原单位承担的本职工作或者原单位分配的任务有关的发明创造（《专利法实施条例》）	第二十条：利用财政性资金设立的科学技术基金项目或者科学技术计划项目所形成的发明专利权、计算机软件著作权、集成电路布图设计专有权和职务新品种权，除涉及国家安全、国家利益和重大社会公共利益外，授权项目承担者依法取得	《意见》（2000）：科技成果的知识产权归属政策是调整科研开发和成果转化中各方当事人技术、经济利益关系的杠杆 《规定》（2002）：明确了国家科研计划项目研究成果的知识产权归属，提出了四条原则 《规定》（2003）：全面落实专利战略 《重大》（2010）：从第二十二条到第二十九条涉及知识产权归属的原则

① 2012 年 8 月 9 日，国家知识产权局公布了《中华人民共和国专利法修改草案（征求意见稿）》和修改说明。说明已经进入《专利法》的第四次修改环节。在本次修改意见稿中并没有关于专利权归属的修改意见，主要集中在专利执法方面的修改。

续表

现行《专利法》(2008) 及《专利法实施条例》(2010)	《科学技术进步法》 (2007)	国家科技计划资助项目 (2000, 2002, 2003, 2006, 2010)
权利归属: 职务发明创造申请专利的权利属于该单位,单位为专利权人;利用本单位的物质技术条件所完成的发明创造,单位与发明人/设计人订有合同的,对申请专利的权利和专利权的归属做出约定的,从其约定 专利权的转让: 除依照《专利法》第十条规定转让专利权外,专利权因其他事由发生转移的,当事人应当凭有关证明文件或者法律文书向国务院专利行政部门办理专利权转移手续;专利权人与他人订立的专利实施许可合同,应当自合同生效之日起3个月内向国务院专利行政部门备案;以专利权出质的,由出质人和质权人共同向国务院专利行政部门办理出质登记	权利处分: 项目承担者应对依法实施前款规定的知识产权,同时采取保护措施,并就实施和保护情况向项目管理机构提交年度报告;在合理期限内没有实施的,国家可以无偿实施,也可以许可他人有偿实施或者无偿实施 项目承担者依法取得本条第一款规定的知识产权,国家为了国家安全、国家利益和重大社会公共利益的需要,可以无偿实施,也可以许可他人有偿实施或者无偿实施 因此,所产生的利益分配,依照有关法律、行政法规的规定执行;法律、行政法规没有规定的,按照约定执行	权利归属: 《意见》(2000):除以保证重大国家利益、国家安全和社会公共利益为目的,并由科技计划项目主管部门与承担单位在合同中明确约定外,执行国家科技计划项目期间内确能转化而不转化应用科技计划项目研究成果的,科技计划项目的行政各主管部门可以依法另行决定相关研究成果的知识产权归属,并以完成成果的科技人员为优先受让人 《规定》(2002)确立的原则:①项目承担单位所有权为基本制度;处置权范围的确立;国家无偿使用、开发、使之有效利用和获取收益的权利。②在立项和验收时,明确知识产权管理方式,拟定转化和应用方案。③政府的干预权。④成果完成人优先受让权 《重大》(2002)涉及国家安全、国家利益和重大社会公共利益的,属于国家,项目责任单位有免费使用权;确立了重大专项知识产权管理制度、政策、综合管理部门;国家无偿实施和许可他人有偿/无偿实施;项目任务书中的知识产权"约定";避免专利流失的条款

二、中国大学知识产权所有权归属模式的制度选择

将上述政策或法案称为"中国的 Bayh – Dole"法案,言下之意,这些政策或法律的修改是以改变知识产权的归属为核心内容。但是,笔者认为

中国知识产权的政策演变，或者在演变的过程中突出知识产权的归属问题，是在中国本身制度情景的变迁过程中发生的。

2000～2003 年科技部等部委出台的知识产权政策，是与 20 世纪 90 年代以来我国科技体制的改革分不开的。科技体制改革的重要表现是将“科技和教育”置于国家经济和社会发展的重要位置上来。科技政策的导向为“强调加强技术创新、发展高科技和实现产业化”和“增强国家的科技实力向现实生产力的转化”。随着科技体制改革的不断深入，国家越来越强调通过科技的发展解决国家经济建设中的重要问题。在这个背景下，国家增加了对科技的投入力量，并陆续出台了一系列的科技计划和科技专项，它们构成了中国特殊的科技规划（计划）体系①。中国科学院和大学作为重要的科研力量参与到国家科技计规划（计划）项目的实施中来。其中，高等学校主要参与的科技规划和专项主要是：国家自然科学基金、国家高技术研究发展计划（863 计划）、国家重点基础研究发展计划（973 计划）、国家科技支撑计划、国家科技成果重点推广计划、国家软科学研究计划、国家工程（技术）研究中心计划、国家基础性研究重大项目计划、国家技术创新工程、国际科技合作重点项目计划、国家大学科技园建设等。大学获得上述国家科技计划项目的资助后，科研经费得到大幅度提升，改善了高校的科研环境。这些科技项目的资助也成为高校知识产权产出的重要资源基础。

到 20 世纪 90 年代后期，国家越来越重视科研成果的转化问题，出台了许多相关的政策和法律：《促进科技成果转化法》（1996）；国务院发布《关于加强技术创新发展高科技实现产业化的决定》（1999）②。因此，在政策制定者将关注点转向知识产权管理和应用之前，就已经开始重视它们的技术转化问题了。但是，他们并没有提出知识产权对于技术转移的重要性，只是在个别应用性导向较强的科技计划项目中，开始探索知识产权归属的制度安排对于技术转移的激励作用问题。从 863 计划的规定的演变中能够看出这种探索。

---

① 具体内容可以参见清华大学李正风教授课题组承担的“高等学校参与国家科技计划项目的实施方式研究”（2012 年）的课题内容。

② 在这两个法律出台之前，我国的技术转让法主要由《技术引进合同管理条例》（对外）和《技术合同法》（对内）两部国内法调整。1999 年 3 月 15 日，由全国人民代表大会通过的《中华人民共和国合同法》对技术合同做出定义：技术合同是当事人就技术开发、转让、咨询或者服务订立的确定相互之间权利和义务的合同。技术转让合同包括：专利权转让、专利申请权转让等。

863 计划在技术研发领域具有前瞻性，研究成果具有较强的技术转化性的特点。863 计划的战略目标定位也经历了从“跟踪、追赶”到“超越”国际领先技术的变化。1992 年，中美达成了知识产权谈判协议，知识产权的问题也引起了我国相关部门的关注。为了有助于 863 计划的实施，科技部首次出台了《国家高技术发展计划管理办法》，其中明确提出“863 计划成果归国家所有”。但是，这个规定是针对所有 863 计划项目资助下所产出的成果，包括论文、技术成果和具有知识产权的其他技术成果，都属于国家。这样的规定既符合当时的《专利法》，也符合当时对于产权界定原则——“谁资助，谁所有”，将有形资产和无形资产一视同仁。1994 年 7 月 1 日，新的《国家高科技研究发展计划知识产权管理办法（试行）》出台，提出 863 计划项目资助所产生的科技成果的权利归属，按照“开发合同”的方式来管理。“国家科委是科技成果的管理机关，行使国家对有关科技成果所拥有的权利”。① 项目承担单位为合同开发方，国家科委主管司或者国家科委授权的专家委员会是委托方。双方可以就知识产权的归属进行“约定”。我国法学家张平指出，这是国家 863 计划的第一个涉及知识产权指导的总纲领性行政规章。自 863 计划从 1988 年实施以后的十多年内，科技管理部门没有就知识产权的数量做过统计，直到 1999 年 9 月 30 日，国家科技部才发布了一个统计 863 计划实施以来获得专利成果的通知。2000 年，国家科技部高科技联合办公室发布了《国家高技术研究发展计划知识产权管理办法（试行）》，对 863 计划项目承担单位申报国际专利的，在经费上给予补助，但是补助的费用不包括专利授权后的年费。2001 年，科技部与总装备部、国防科工委、财政部出台了《国家高技术研究发展技术管理办法》（863 计划）。其中要求“863 计划课题形成的专利权的归属与实施按照《专利法》和科技部《关于加强与科技有关的知识产权保护和管理工作的若干意见》（2000）执行”。最新的 863 计划管理办法，是 2006 年由科技部等部委联合发布的，要求 863 计划课题形成的知识产权的归属、使用和管理按照《关于国家科研计划项目研究成果知识产权管理的若干规定》（2002）执行，即除三种特殊情况外，授予项目承担单位享有 863 计划课题形成的知识产权。可见 863 计划资助下所产生的知识产权的管理和权利归属的界定是随着 863 计划的战略目标的调整而逐渐加入和变化的。

① 见 1994 年《国家高科技研究发展计划知识产权管理办法（试行）》第四条。

对于国家财政资助的科研成果的权属调整，通过引入“约定”机制，在资助人与承担人之间协调权益，这在当时普遍承认“国家所有权”合法性的政策环境下，无疑是一种新的尝试。同时带有较浓厚的转型期的计划经济和市场经济两种体制的特征。其表现在，专利的申请权属于研究开发方（项目承担单位），并且规定了向委托方的专利申请报告制度（见第七条）。对于非专利技术的使用权和转让权，研究开发方的权限要高于专利技术的使用权和转让权，后者的实施需要向委托方进行报告，在获得批准后才可以实施。项目承担单位对于科研成果做专利权和非专利权的区分对待，所有权和处置权也处于分离状态。并且这种分离一直延续到今天，造成了技术转移实践中的政策冲突，给技术转移的实现带来了困难。对于参加研究开发的课题组成员的奖励，“研究开发方应当从实施或者转让科技成果所获得的收益中提出一定比例作为报酬”，“实施技术成果的，每年从所得利润提取 1% ~2.5% 支付，或者参照上述比例，一次性支付；转让技术成果的，从所获得的使用费中纳税后提取 10% ~15% 支付”。[①]

2010 年科技部等部委联合发布了《国家高科技重大专项知识产权管理制度》，从第二十二到第二十九条，明确地提出了国家重大专项知识产权归属的认定原则，基本内容是：涉及国家安全、国家利益和重大社会公共利益的，属于国家，项目责任单位有免费使用权；确立了重大专项知识产权管理制度、政策、综合管理部门；国家无偿实施和许可他人有偿/无偿实施；项目任务书中的知识产权“约定”；避免专利流失的条款。

综上所述，依照上述法律法规和科技法及政策规定对国家投入的科技成果的知识产权的归属，一般可以认为按照以下三个标准：①涉及国家安全、国家利益和重大社会公共利益的属于国家；②除前款规定外，可以由项目承担者取得所有权；③根据项目任务合同书，对知识产权归属做出约定。上述产权界定的方式具有较大的灵活性，在实践中往往会带来一些问题，如对于产权归属“谁界定、什么时候界定、如何界定”就存在许多问题。而且，是在承担项目之前就先行约定知识产权是属于哪种类型，还是在项目验收后根据知识产权的具体情况做出判断。如果是后者，对项目承担者而言可能存在显失公平，对国家而言也会造成较大的损失。比如清华大学承担的重大项目，将面向国家战略需求、攻克经济社会发展和国防建

① 见 1994 年《国家高科技研究发展计划知识产权管理办法（试行）》第十八条。

设中的重大科学技术难题作为科研工作的重要方向，必然有许多科研成果都符合这条标准。但是，许多具有知识产权的科研成果在项目结题时仅仅是一个科研产品，这些初级的科研产品往往并不具有直接进入市场的能力，需要通过进一步的商业转化。有些也许会运用到与国家安全相关的领域。比如清华大学的大型集装箱检测系统运用于打击走私，就是与国家安全相关的。当然这个案例是属于科研成果实现商业化的。而在实践中往往也存在像第二章中我们所讨论过的技术转化过程中与国有资产的冲突。因此，关于高校知识产权归属的研究还需要进一步细化。尤其对于我国这样一个处于产权改革和经济转型中的发展中国家，需要从原理上明了知识产权归属明晰的重要性和必要性。

总的来看，中国国家层面出台政策管理政府科技计划项目的知识产权的行为是比较滞后的。在所谓的“中国的 Bayh – Dole 法案体系”出台之前，有些国家科技计划项目已经在知识产权的管理和权属界定方面进行了探索。由于不同国家科技计划项目，出现在国家发展的不同阶段，战略目标和内容也会发生转变。这些法律法规或者政策实际反映出我国政策制定者开始关注知识产权对于技术转移政策的影响，至少是将这两者关联起来。笔者认为，一方面，这与我国大学专利活动水平提高紧密相关，大学专利申请和授权数量的增加所积累起来的资源基础，增加了技术转移过程中对于专利技术的考察；另一方面，我国制度环境的改善使得在技术转移的交易活动中，必须重视产权的问题。改革开放以来，我国市场经济运行的制度环境逐渐成熟，相关的法律法规也日益完善。在以往单一的制度环境下，技术转移过程中所涉及的行动者主体较为单一。随着制度的变迁，利益主体的增加，通过知识产权的归属制度来协调不同行动者之间关系的重要性就凸显出来。这些看似深受 Bayh – Dole 法案影响的法律和政策，本质上是我国制度变迁所要求的。学习 Bayh – Dole 法案，使正在变迁的制度符合国际变化的趋势，而知识产权归属模式是否使用是一个本土化的问题，是内生变量。

三、对比分析中美两国知识产权归属的演进对技术转移的影响

美国联邦专利制度的变迁从产权的归属权着手，一方面，是因为专利

是美国大学技术转移的主要载体，专利许可证贸易和基于专利成立衍生企业或创业企业是美国大学技术转移的主要方式；另一方面，是由于美国大学所处的制度环境能够保证所有权归属的产权的完备性。完整的所有权是指占有权、使用权、收益权和处分权。所有权的归属是产权界定的第一层次的内容，在所有权归属明晰的基础上才能实现对产权所指向客体的占有、使用、收益和处分等各项权能。Bayh - Dole 法案所规定的“大学所有权归属模式”，大学所取得的所有权是完备的所有权，也就是说它是与后续的利益分配之间的关系密切相关的。因而，所有权归属的改变对技术转移的实现具有举足轻重的作用。它带来的是政府、大学、发明人、公众、第三方（企业或者其他投资人）等行动者之间契约关系的重新塑造。而且，美国的制度环境为这些不同行动者提供的表达其利益诉求的渠道的多元化，使得每一次所有权结构的改变都能激起不同的声音。在比较成熟的产权制度结构中，产权归属模式与后续的利益分配之间具有清晰的逻辑关系。因此，新的产权归属模式反映了不同的哲学理念，每一次产权归属模式的重新安排也就是在打破已有的利益分配格局。

纵观中国科技发展史就会发现，在古代，中国基本没有任何法律或者习惯意义上与知识有关的产权的概念。然而，中国仍然取得了辉煌的科技成就。也就是说，知识产权制度对于古代中国的科技创新来说没有起任何作用，这个问题值得科技史学家和经济学史家考究。再看看中国大学的技术转移的历程，也会发现其与美国存在较大的不同。中国大学技术转移，首先经历了计划经济时期的自上而下的政府主导下的技术推广和技术对接，其次经历了改革开放后初期国内技术市场的形成（技术成为经济交易活动中有偿转让的对象，并出现了校办企业的独特技术转移模式），最后到市场经济的进一步发展时期，形成了多元化技术转移途径（对校办企业进行规范化管理，让大学从直接的市场经济活动中脱离出来，充分发挥知识产权的作用）。在我国高校的技术转移历史中，知识产权对于技术转移的影响并没有很早地体现出来。从大学知识产权归属模式的转变来看，我国经历了从“国家所有”到“单位持有”再到“单位所有”的变迁。在专利制度建立起来之前，全国的发明成果的所有权人属于国家；有了专利制度以后，开始区分职务发明和个人发明。早期的专利制度，强调职务专利是属于国家、集体的财产，对于个人发明的认定是非常薄弱的，尤其是就大学里的科研成果申请专利而言，基本上职务发明所占比重会远远超过个人发明。

而对于资助的来源是国家的情况下，就百分之百属于职务发明的范畴了。在很长一段时期内，对于这部分职务发明，大学作为职务发明权人，其权利的行使范围仅仅限于“持有”。从权利主体的身份上讲，大学仅仅是这类职务发明专利的管理者，而不是真正的所有者。

20 世纪 80 年代初期，国家科技计划项目只下达给全民所有制单位，大学和科研院所成为国家科技计划项目的主要承担者。但是，国家对科技计划项目合同管理中的知识产权归属问题一直没有足够的重视，相关的法律和政策也没有梳理好。后来，国家事业单位改革、中科院研究所体制改革，提出了技术开发型研究所面向企业化管理转变的要求。这段时期，校办企业如雨后春笋般发展起来，国家为了拉动经济的发展，鼓励事业单位人员“下海”办企业。校办企业在这个背景下发展起来，并且企业的经营范围也各式各样。其中，基于科技成果发展起来的校办企业成为大学技术转移的平台，事实上也促使大学或者院系直接参与到经济活动中来，这在世界上也是独一无二的尝试。虽然校办企业是技术转移的载体，但国家和学校利用知识产权时采取了模糊的处理方式，这也势必造成了后来许多产权不清的关系。20 世纪八九十年代，我国知识产权相关的法律制度在经济体制转型和改革开放政策实施过程中建立起来。并在 20 世纪 90 年代形成了技术转移的法律体系，但是对知识产权制度的建设我国还处于初级阶段。直到 2000 年以后，我国大学成为国家科技计划项目的重要承担者，大学申请专利的数量也出现快速增长。政策制定者开始关注起国家科技计划项目的知识产权管理和应用的问题，并陆续出台了许多的知识产权政策。2000 年以后，国家开始整顿校办企业，建立了高等学校直接参与经济活动的退出机制，并试图建立起以资产为纽带的新的产权结构。比如，清华大学成立了清华大学控股集团，之后清华大学成立的企业都需要通过控股集团的批示。学校可以通过专利许可、转让或者是技术入股的形式与企业之间建立联系。

对比中美两个大学知识产权所有权归属的变迁，可以发现 Bayh – Dole 法案将联邦政府资助的科研成果，由过去的“联邦所有权”转变成“大学所有权”。新的产权归属模式的出现得到了来自不同利益主体的不同意见。其最终是各个不同利益主体之间磋商、调和的结果。Bayh – Dole 法案的支持者认为，较强的知识产权保护有助于加速对大学科研成果的商业化开发。从我国知识产权归属模式变迁的大致方向上看，与 Bayh – Dole 法案存在相同的地方，都是国家“让渡”政府资助下科研成果的知识产权的过程。但是笔者认为“中国的 Bayh - Dole 法案”的称呼极为不妥。这些政策出台的内在原因是，国家对科技投入的不断增长，国家越发重视这些科技计划项目中获得的科研成果，尤其是具有知识产权的科研成果的实际利用问题。如果说在政策的制定过程中，参考了 Bayh - Dole 法案的内容，那么 Bayh - Dole 法案对这些政策形成的最重要的影响并不是内容上的，而更多的是以下两方面：第一，知识产权制度对于大学科研成果保护的重要意义；第二，知识产权制度的设置，尤其是其中所有权制度的安排是影响大学技术转移效率的主要激励机制。Bayh - Dole 法案值得其他国家借鉴也是这两个方面原因，而不仅仅是模仿其“大学所有权归属模式”。

引起我国知识产权权利归属变迁最根本的原因是，中国经济体制在全球化经济兴起的背景下产生的变化：国家经济体制的转型、科技体制改革、社会对待技术的态度等。从单一的所有制形式到多种所有制形式并存的经济制度的转型，产权和知识产权的概念从西方引入并在经济活动中建立起来：一方面是中国加入全球化经济体系的承诺；另一方面是中国经济体制的转型，市场经济的建设逐步建立起来的内在需要。大学技术转移的活动嵌套在制度变迁的情景下，其方式不断多元化，而参与这个网络的利益行动者也不断增加，利益行动者对产权界定的诉求增强。知识产权从国家所有到大学所有，是国家对大学放权的过程，国家作为监管的角色变弱，而大学作为知识产权权利人的角色重要性逐渐提升。另外，需要注意的是，西方国家将知识产权的归属作为刺激技术转移的重要原因，是因为在欧美的市场经济体制下，产权的归属与利益的分配直接相关。因而，明确的产权界定是市场交易的前提条件，而模糊的产权归属模式或者涉及多个主体的复杂的产权制度都会使交易成本增加，从而阻碍或者是降低交易的积极性。20 世纪 90 年代，Bayh - Dole 法案之所以吸引了众多 OECD 国家的模仿，正是由于对这些国家而言，知识产权的归属与后续的利益分配是直接相关的。与欧美国家相比，产权制度在我国并没有那么完善。在涉及知识产权的技术转移的过程中，我国知识产权的归属与其后续的利益分配之间的处理采取了一种模糊的办法。大学和科研院所在技术交易的过程中面临的主要困难是专利技术难以转化的问题。有调查指出我国高校直接向社会出售研究成果的成功概率太小，不足以维持正常的技术创新转化循环。在技术转移的过程中还面临一些政策的困境，一些表面上看起来没有问题的政策，在实践的过程中会暴露出许多现实的问题，往往需要通过再次约定或者个案处理的方式来解决。其实质是知识产权归属中，大学虽然是所谓的权利人，但是“所有权”和“处置权”处于二分的状态。受限制的“所有权”很容易使权利所有人丧失其权利控制权。

虽然国家之间的政策学习成为一种趋势，尤其是发展中国家对于发达国家创新政策的模仿尤其普遍，但是对于模仿 Bayh－Dole 法案的发展中国家而言，Bayh－Dole 法案本身反映了一种“强专利”保护的倾向。发展中国家面临着科技信息资源稀缺的现实情况，较强的专利保护制度是否会阻碍科学研究所需的信息交流，以及不利于科研知识向市场的扩散，广泛地对大学科研成果申请专利保护，是否可能让创新变得更难，比如生物医学技术领域的专利，通过专利保护研究的工具、方法和技术，均有可能阻碍进一步的研究，从而阻碍工业的创新进程。这些问题值得思考。

对于处于转型中的中国而言，必须清楚地意识到，建立明确的知识产权归属制度是必需的，但是对于技术转移的效率而言，却不仅仅是通过明晰知识产权的归属就能够实现的。换句话说，不论是国家所有权模式、大学所有权模式，还是发明人所有权模式的划分对我国大学的知识产权归属安排而言都不是最重要的。我国引入了“合约优先”的原则，即便是符合知识产权制度中三种类型的专利，应该属于国家的，而国家认为应该进行推广的，如果国家不具备自己实施的能力，就必须授权给大学来进行产业化开发，比如上述的集装箱检测系统的产业化和盐碱地改造的项目。另外，如果是属于大学的专利，发明人根据“合约优先”的原则也可以取得知识产权的所有权。当然对于发明人而言，将大学将职务发明的所有权转让给发明人，在实际的操作中还有许多的困难。我们似乎不应该仅仅纠结在知识产权的归属上，在知识产权制度设计上，大学技术转移制度环境的建设更为重要。在访谈过程中，学校的科研管理部门注重成为知识产权的所有权人的目的是对于后续科技成果评价的需求。而科技成果评奖的激励效应远远高于对知识产权进行市场推广带来的回报，作为知识产权的发明人，也能够从科技评价中获得所期望的奖励。科技奖励与学术地位、职位的晋升以及物质的奖励直接相关。这些奖励的回报对于教授而言，显然要超过通过知识产权的成功转移带来的简单的经济回报。

第四节　知识产权归属对促进大学技术转移的价值体现

一、协调技术转移社会网络中行动者的利益关系

知识产权制度的宗旨，一方面是通过保护创造者的合法权益保证持续的创新；另一方面是能够通过知识产权的转让及开发有效地实现创新知识的广泛传播。知识产权归属界定的重要意义是通过对“专有权利”与“知识传播”之间的矛盾的调和，协调创造者（发明人）、传播者（大学）、使用者（企业）、消费者（公众）之间的利益关系①。前三者是知识产权在市场交易领域中的主体。“产权的专有性”是激励创造者创造更多知识产权的原动力。在知识产权的制度框架下，产权人能够通过自主选择可能的合作方式来实现资源的整合、让渡或转移，从而使包括所有权交换在内的各种合作关系通过市场机制充分发挥作用，以促进创新。对创新成果产权归属的界定及其他一整套权利义务的配置，也是对国家行为和政府作用的规划和限制，有效克服政府过度干预或错误干预对创新活动、技术转移活动造成的破坏和扭曲。

20 世纪 70 年代，美国大学专利数量的增长主要集中在生物医药这些新兴领域。大学知识产权归属制度的重要性很大程度上决定了如何处理新兴知识的传播和利用的问题。但是，创新投资的来源不同，对研究成果主张专利权的利益主体也不同。我们首先将研究的资助来源分为公共资助和私营资助。1973 年，科学社会学家默顿提出科学研究的五种精神气质中的“公共性”要求，科学研究的成果应平均地为社会公众所享有，任何赋予这种科研成果私有权保护的做法都被认为是违背科学“公共性”要求的精神气质的。这种观点随着知识在经济活动中表现出来的价值被逐步淡化了。

---

① 这三者的界限并不是完全区分的。比如大学和发明人都能成为创造者；大学、企业、发明人也都能成为传播者和使用者。

知识产权所有权归属的意义在于，通过赋予所有权人一定时期内垄断的价格，来奖励或激励其对创新的投资行为①。但是，究竟“谁应该成为专利权人”是知识产权制度中一个值得深究的问题。知识产权制度提供了对创新活动进行投资的初始投资人和其所承担的投资风险的回报。但是，投资后续商业开发的第三方投资人是商业开发过程中的风险承担者。我们将大学科研活动的投资来源分为私营资助和政府资助两种（见图6－1）。在研究的来源是私营资助的情况下，研究的执行者要求成为知识产权所有权人所面临的争议和压力要小很多。从法律的关系上看，如果研究的资助来源于私人雇主，可以是一种雇佣的关系，那么将研究中取得的知识产权交付给雇主，由雇主成为知识产权的所有权人，减少的是雇员对雇主主张拥有知识产权所有权的公平诉求的机会。如果科研活动的投资者是政府，那么无论是大学（项目执行单位）还是发明人（实际完成人）成为知识产权的所有权人，面临的都是减少社会公众成为研究成果权利人的机会。无论是大学还是发明人成为知识产权的权利人，都会被认为显失公平。政府对大学科研活动的投入，代表的是作为公众的纳税人的利益。公众需要为政府用纳税人的资金的投入承担风险，政府有可能投入了某个研究领域而没有获得任何新的发现，公众就可能没法从中获得有价值的回报。这样一来，专门讨论政府资助下科研成果的知识产权归属问题就很重要了。不同的知识产权所有权归属模式，表征了政府对研究成果分配的政策逻辑。所以要处理好两点：①公共资助的科研成果是否应该赋予知识产权这种私权的保护；②如何处理好各个主体之间的利益平衡的关系。

图6－1　研究资助来源及其所有权主张的对象

对于政府资助类知识产权的产权属性的问题，要处理好国家、公众、

① 这是一种关于专利与创新的关系的看法，标准的工具主义的观点。

大学、发明人、投资人五种主体之间的契约关系。在这个契约网络中，存在的委托—代理关系更为错综复杂（见图6－2）：一般认为，政府是公众的直接代理人，政府要代表公众的利益；大学在接受政府资助进行科研时，成为政府的直接代理人。因为公共资助并不是大学的唯一来源，大学在接受政府资助的情况下作为政府的直接代理人。因此大学作为政府的直接代理人是有条件的。由于政府是社会公众的直接代理人，那么实际上，大学又间接地成为社会公众的代理人。发明人的情况与大学类似，发明人是有条件地作为大学的代理人，同时它又成为政府和社会公众的间接代理人。因此，政府资助类知识产权的产权归属关系的设置就更为复杂。

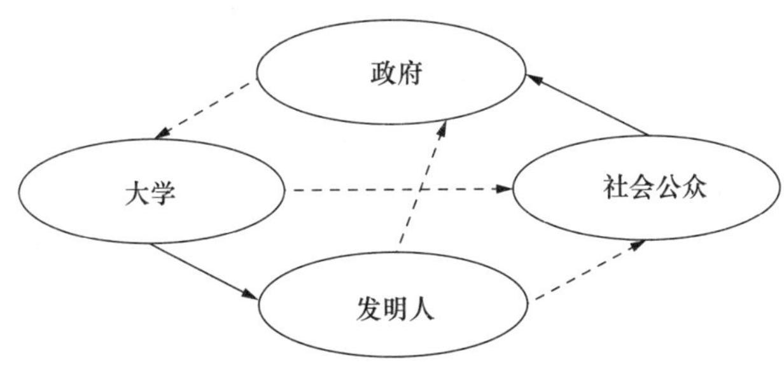

图6－2　政府资助下的科研成果知识产权的所有权关系

对于政府资助的研究，怎样的知识产权归属安排才算合理？以前大学的研究成果被视为公共产品，即使后来被赋予知识产权的保护，也是“国家所有权”的产权归属方式。但是，政府本身并不会亲自参与这些知识产权的后续商业开发，也不具备这样的能力和职能部门。因此，需要吸引第三方投资者，将知识产权成果转化为产品的商业投入成本有可能远远超过研发投入的成本。同样，如果研发成果对所有的公众开放，进入公共领域，也不会吸引第三方投资人的商业投资。对新技术授予知识产权保护，是为了激励进一步研究与发展活动的投入。但是，就技术转移而言，在保护初始投资人权益的同时，还需要考虑后续商业开发投资人的权益和激励问题。为了提高新技术的商业开发，美国国会鼓励大学和其他机构对其研究的成果申请知识产权保护。1980 年出台的 Bayh－Dole 法案，赋予承担政府资助的项目承担者以知识产权所有权作为激励的方式，突破了以前“谁投资，谁所有”的产权分配格局，而是将“谁来应对风险”作为产权设计的出发点。

关于大学科研成果的知识产权保护问题，1998 年，海勒和艾森伯格（Heller & Eisenberg）在《科学》上提出了“反公地悲剧”的概念（Anti-commos Tragedy），在生物医学领域对研究的成果申请了过度的知识产权，让人们不能充分地利用创新资源。过去，“公地悲剧”（Tragedy of the Commons）的比喻[①]用来解释人们过度使用共享的资源。属于公共共享财产的资源或财产有着许多拥有者，他们每个人都有对资源或财产的使用权，并且这些拥有者中不会有人限制其他人的使用权。这些资源和财产具有“公共领域”这样的产权特性，人们没有动力去保护这些公共的资源。结果是对资源和财产的过度使用，以致造成资源枯竭、环境污染、物种濒绝、人口过度增长等问题。避免“公地悲剧”的发生，成为经济和法律领域对公共财产赋予私有化保护的合理性依据。

然而，对资源和财产过度的产权保护，可能会带来另一种“反公地悲剧”。“反公地悲剧”的发生与“公地悲剧”正好相反。当某个资源或财产被许多人拥有，而他们中的任何人都有权阻止另外一些人权利的行使，被称为“反公地”。其产权的特性是，在所有权的属性上设置了障碍。“就像在一间房子的大门安装了十几把钥匙需要同时使用才能开启的锁，这十几把钥匙分别由不同的人保管，只有在十几个人同时到场的情况下才能打开大门。那么打开门的机会就非常小，因而房子的使用率非常低”。“反公地悲剧”发生的后果是对资源和财产的闲置或使用不足。这对我们理解知识产权制度和技术转移的关系很有启发：首先，大学知识产权的所有权人不应该设置过多。比如，Bayh - Dole 法案出台之前，各个联邦机构都对其资助的科研成果主张知识产权。那么对于想要开发这些科研成果的第三方而言，就设置了过多的产权主体。通常情况下，大学技术的转移极少只是针对某个单项的专利（即便有，也是比较少见的情况）。投资开发的第三方，更愿意对某项科研原型成果实行进一步的开发。因此，如果科研原型成果中的知识产权所有权被太多的人拥有，就会造成权利的分散。而当所有权人中的每个人都有权阻止其他人处置知识产权时，则会大大降低科研活动和知识产权进一步实现商业开发的效率。其次，知识产权的所有权和使用权二分的情况，让知识产权的所有权人本身不具备对其产权的完整控制权。

① 1968 年，哈丁（Hardin）在《科学》上发表文章，提出“公地悲剧”的概念。

那么所有权就不会直接指向使用权，以及后续的利益分配权。这种情况在产权不完备的制度环境下比较容易发生，比如，在我们的访谈过程中就了解到，在一般情况下，大学可以对国家资助下获得的知识产权享有所有权，并且大学有权对这些知识产权进行技术转移的路径选择。但是，在个别情况下，可能会面临“国有资产流失”的追问。因为产权的设计，可能存在“反公地悲剧”发生的可能性，而不利于大学技术的转移，同样是对资源的浪费，对纳税人利益也同样是一种损害。因而，大学的知识产权结构不宜太过复杂。美国的职务发明专利，经历了从基于个人的“自然人身权”到基于契约关系调整的“法人财产权”的演变。美国专利法在“职务发明”的规定上采用的两项原则是：①在雇佣期间，雇员利用雇主的资源完成的发明，在没有明确约定的情况下，专利权属于雇员，而雇主拥有专利的实施权；②从事特定的专门的发明活动时，在这种特定关系下，雇佣关系已经明确表示雇员事先将发明成果转让给雇主，雇主拥有最终成果的所有权。这种特定的关系包括政府资助下的大学或在科学实验室里进行的研究活动，Bayh－Dole 法案调整后，专利所有权人是项目承担单位而不是个人。美国的职务发明制度对产权的界定，首先承认发明人的所有权但单位具有优先购买的权利。

20 世纪 80 年代以来，我国高校科技成果的技术转移所面临的市场、技术和制度环境都发生了很大的变化。郑成思教授指出，在我国整个财产权立法中，知识产权已从附属向主导转化，成为当代《财产法》立法的重心。而知识产权的专有性是有限的，需要在个人利益和公共利益之间进行协调。知识产权制度是经济、科技和法律相结合的产物，是一种在实质上解决“知识”作为资源归属问题的利益激励和调节机制。从产权的角度分析我国技术转移政策的制度安排，尤其是理解“职务发明”的技术转移模式具有重要的启示作用。将发明权从最初的生产者通过国家法律的强制，交付给所有人（可以是国家、学校或其他组织），然后从所有者手中再交付给最具有生产性的使用者，实现产权的二次分配。但是，我国大学知识产权所有权由不同的政府机构行使。例如，专利权的授权由国家知识产权局掌握；大学专利权的转让（也即处置）由财政部或国资委掌握；专利权主体的变更由知识产权局备案；大学专利权的收益分配由教育部掌握等。这种方式使得产权成为一种非对称的拥有。有权转让的人不具备专利转让的能力；有能力转让的人不一定能获得转让的收益；有权决定转让的人也不一定在乎这项权利；而实际转让的人有可能在将来某个时间被追究“无权处分”的责任。职务发明中对于实际发明完成人的重视也不够，奖励报酬难以落实，这也削弱了专利权人将专利转化为生产力的积极性。职务成果的所有权和使用权人经常处于二分的状态，对知识产权的使用权、处置权没有做出明确的规定，这造成了在技术转化的过程中，难免出现政策冲突。职务发明制度需要与经济发展水平和创新模式相契合，才能发挥激励效用。我国需要在产权安排、技术转移战略等诸多方面进行创新，从政策的引导上，跨越从技术到产品的“死亡之谷”。

二、对知识产权归属影响技术转移的进一步思考

本书所探讨的大学知识产权与技术转移的关系，主要是指大学所承担的国家科技计划项目资助下所获得的这部分知识产权，国家科技计划项目一般与国民经济的发展密切相关，主要是解决社会经济活动中碰到的重大技术难题，因而产出的技术成果水平相对较高。通过商业开发，将技术的优势转化为市场竞争的优势，技术创新成果才能享有可预见的技术垄断市场。投资开发大学的科研成果具有较大的风险，如果某项知识产权被鉴定为存在潜在巨大的市场价值，就有可能产生巨大的权力寻租的可能。如何在知识产权制度的影响下，实现技术转移？进行怎样的产权安排，才能促进实现这类知识产权的产业化？基于自主知识产权成立衍生企业，是大学对这类科研成果选择技术转移路径的首要考虑因素。

学校通过知识产权建立与衍生企业之间的关系，需要处理好学校与衍生企业之间的关系。这主要是两层关系：学校的知识产权与衍生企业之间的关系；学校的研发人员以什么身份参与到衍生企业中的问题。前者是知识产权与企业的关系，后者是知识产权的权利人（或发明人）与企业之间的关系。学校通过知识产权这个纽带与衍生企业建立起上、下游的关系。产权归属所指向的处置和利益分配时维持技术转移的网络处于良性循环的状态，保证研究开发与产业化的连续性。但是每一个衍生企业的成立都有其独特性，企业成立时所依赖的知识产权技术的异质性，以及成立企业所掌握的资源和机遇，在处理这两层关系上都具有差异。2012 年 11 月 15 日，证监会和科技部联合制定了《关于支持科技成果出资入股确认股权的指导意见》，要求科技成果出资入股的股权确认在企业创立时指出，通过发起人

协议、投资协议或是公司章程等形式对科技成果的权属、评估作价、折股数量和比例等事项做出明确“约定”，形成明晰的产权，避免今后发生纠纷，影响企业发行上市或挂牌转让[①]。因此，无论是专利入股还是专利许可费收益，在合同中都要有明文规定，处理好学校、院系、发明人三者之间的权益关系。衍生企业成立后，要严格按照现代企业制度进行管理，学校以“知识产权”出资为纽带享有应有的话语权。借助企业的资金优势，缩短了成果转化及进入规模化生产的周期，还可以培育新的经济增长点。

另外，知识产权归属的设置，体现的是政策制定者的价值立场。而政策制定者所依据的原则可能是一种，也可能是几种：社会公益原则、保障发明人权益原则、主体平等原则、加强引导监督原则、突出重点分类管理原则、有利于国际竞争原则、促进技术转移效率原则。但是所设定的知识产权归属安排，不可能同时涵盖所有的原则，这些原则中需要有一个居于主导地位，但是它们之间并不是相互冲突的，有时还是相互包含的。政策制定者可能会根据其所处的制度情景对上述原则进行排序，在一定的时期有些原则的体现可能会突出一些。这时，政策的设置需要满足一个阶段时期制度需求的内涵。因此，这也反映出知识产权归属随着制度变迁而进行演化的特质，对促进技术转移而言，并不存在一种放之四海而皆准的知识产权归属模式。

根据以上研究，进一步反思我国现行的大学知识产权所有权归属。强调知识产权归属模式，主要是为了明确技术成果产业化过程中面临的风险，降低技术转移的交易成本。一方面，应该简化技术转移的中间环节、使用大学知识产权的审批手续，要避免大学知识产权的产权结构安排上的“反公地悲剧”。具体的做法可以是，在法律和政策规定中，对知识产权归属的“确权”、“处置权”和“收益权”的关系进行澄清。从产权的完整性而言，确定知识产权的所有权人后，应该能够进一步指向所有权人对其拥有产权的处置权和收益权。但是，由于我国产权制度建立的时间还不长，很容易造成所有权结构的分散，即便法律和政策中明确了大学对知识产权的所有权，也不过是形式上的。对于大学而言，即便教育部明确了大学对其职务发明的所有权人身份，但更重要的是进一步明确产权的处置权和收益权。

---

① 按照最新《公司法》规定，无形资产出资可以高达70%，大大提高了知识产权在成立企业中的价值。

另一方面，从国家层面需要进一步放松对大学知识产权的监管力度，放权给学校。国家每年通过科研拨款的方式资助大学的科研活动，大学通过技术转移转化为科研经费的部分相对于这些国家拨款的科研经费而言，只是很少的一部分。因此，国家无须牢牢攥住大学知识产权的手，对其进行严格管制，惧怕因知识产权的转让可能带来的国有资产流失的风险。建议财政部把知识产权作为一项特殊的无形资产来对待，这种特殊的无形资产既不同于学校一般的有形资产，如地产、校舍、仪器等，也不同于其他的无形资产，如校名、校誉等。其特殊性主要表现在其财产的属性中，国家应该将知识产权的所有权和处置权全部交给学校，包括对知识产权的评估、使用、转让、收益等。国家可以通过税收享有知识产权开发的回报，而越简化的知识产权归属模式，越有利于提高学校和教师的技术转移积极性。也可以实行备案制，由教育部首先出台一个关于大学知识产权转移的指导意见，各个高校在指导意见下，根据所在高校技术转移的特点制定相应的技术转移的规定（其中包括对知识产权的处置方案），报教育部批准。这个批准获得通过以后，无论知识产权后续的市场价值是迅速增值还是减值，都要按照备案处理。这样无论是学校还是个人，都能够对其处置知识产权的后续风险有一定的预见性（20120723Z）。

第七章　结论、创新点和后续的研究

第一节　主要研究结论

通过制度变迁和产权结构分析，本书考察了中国知识产权制度对大学技术转移的影响，并结合清华大学的案例分析，具体地阐明两者之间的关系，并得出以下主要结论：

第一，历史发展表明制度转型具有重要作用。知识产权与大学技术转移的相互作用在不同的制度环境下有不同的表现，因此，研究知识产权制度如何促进大学技术转移的效率，需要结合中国的国情和具体的制度来分析。在计划经济时期，大学技术转移是在非产权激励下实施的，并且运作良好。大学技术转移的推动力不是以大学获取经济利益回报为目的，在财产公有制的产权体制下，大学的私权意识淡薄。大学的知识成果（发明、技术等）属于公共的财产，任何单位都可以无偿使用。大学知识和技术流向生产领域，一方面是为了解决国家经济发展过程中遇到的难题，大学科研活动的任务和目标是完成国家下达的指令性任务。通过国家任务、技术对接、技术服务、技术攻关实现技术转移，而大学参与这些活动的出发点更多地带有使命感，而不是为了获取经济回报。另一方面，大学知识和技术转化进生产领域，是通过三联体的建设（教学、科研和生产）、校办工厂、“真刀真枪”的学生实习等途径，作为教学的结合点实现。在计划经济时期，以公有制为主体的经济体制反映在所有权结构上，主要是强调财产的公共性，也没有建立起知识产权制度。国家通过发明奖励制度鼓励创新，所有单位的发明都属于国家，任何单位可以无偿使用。20 世纪 80 年代以后，国家经济体制向市场经济转型，产权制度进行改革，知识产权制度也开始建立起来。改革开放之后，随着市场经济制度的建立和发展，逐渐开始开拓技术市场，产权在市场交易环境中的重要性日益凸显，技术也成为有偿转让的对象。制度环境的变迁使得大学技术转移活动的制度“场域”发现重大变化，国家鼓励大学从技术转移活动中获得经济利益回报，技术和发明也成为有偿转让的对象。到20世纪90年代，大学创办的校办企业开始大量兴起，也成为科技成果转移的重要平台，实际上是让学校成为市场经济活动的直接参与者。但是到后期，校办企业对于知识产权问题的处理一直处于模糊的状态。国家、学校、校办企业、发明人之间的关系没有形成制度化的管理。因此，许多校办企业并没有成为实质性的盈利实体，反而在利益关系的处理上存在许多模糊之处，而高校这种非营利性的组织直接参与市场经济活动也存在许多的弊端。2000年之后，国家开始整顿校办企业，通过退出、撤销、整顿，让校办企业进一步规范和有序发展。随着技术转移网络的不断扩大，参与到这个网络中的利益行动者也随之增加，进而对建立新的产权结构提出诉求。

因此，本书所讨论的知识产权和大学技术转移之间的关系，综合考虑了中国经济体制变迁的影响。我国大学技术转移并没有一开始就与知识产权制度建立起紧密的联系，而是制度转型引起了大学技术转移实践活动的变化，同时催生和不断完善着知识产权制度。正是由于参与到大学技术转移活动中的利益主体增加了知识产权制度中的核心内容，即所有权归属问题，才使技术转移过程凸显出来，并根据技术转移活动的进行处于不断演化的过程中。

第二，界定大学知识产权的所有权归属对于技术转移具有重要的意义。制度经济学家诺斯曾指出，即便有正式的所有权，但是如果它并不能对有价值的属性进行控制，这个所有权就没有任何价值。一般来说，完整的产权应该能够覆盖四个方面的产权内容：所有权（归属权）、占有权、支配权和使用权。因此，完整的产权不单单是对所有权的规定，而是一系列权利。所有权能不能覆盖其他几个权利，在不同的制度环境下会有不同的理解。知识产权是一种特殊的产权，它的四个方面的产权非常容易处于分离的状态。知识产权是一种无形财产权，它的“抽象物”的“外部性”特征非常明显，具有“溢出效应”[①] 的特征，一方面，在许多非正式的交易场合都容易造成知识产权的流失，比如科技人员的流动、学术会议、科研人员之间非正式的交流、反向工程或者独立研发等多种途径下获得他人的知识产权；另一方面，知识产权的所有权或占有权本身并不会带来财富，而是需要通过知识产权的转让和实施，经过商业化开发的阶段才能实现其经济价值。因此，即使对所有权做出了规定，但是并不代表知识产权的所有人可以行使不受限制的处置权，在知识产权的相关法律和政策中，对所有权和处置权的范围同时做出规定。从工具主义的角度来看，知识产权归属模式反映了政策设计者试图在不同的行动者之间进行利益调节的努力。

在我国现行的知识产权法律和政策中，虽然已经规定了在一般情况下，大学所承担的政府资助类的科研项目中获得的知识产权，大学作为项目承担者是所有权人。但是在现实的技术转移的活动中，这样的大学所有权归属方式的安排是受限的，主要是受国有资产管制的限制。比如，大学要进行专利许可或者成立衍生企业时，并不能完全独立自主地行使所有权人的权利，而是需要报上级主管部门批准。从产权的角度理解，就是处于产权的不完整状态，知识产权的所有权和处置权处于一种二分的状态。这与市场经济完备的欧美国家，知识产权的归属与技术转移后的利益分配建立了直接的关系的情况有较大不同。大学知识产权归属模式的设计是调整大学技术转移网络中不同利益行动者之间的契约关系，现在的制度调整是为了增加大学科研成果商业化开发的机会和成功的概率。因此，在未来的政策中，建议将知识产权作为一种独特的无形资产来对待，解决确权和处置权的问题，赋予大学其科研成果知识产权所有权的完整产权内容。

第三，对当前中国大学知识产权与大学技术转移的建议。对于经历了经济体制转型的中国而言，知识产权制度与技术转移之间关系的建构是一个复杂的过程，需要放在中国经济体制转型过程中对产权结构的重塑来理解。对于知识产权制度中的所有权归属的设计，关键是处理好国家、大学和发明人之间的产权分配问题，避免“反公地悲剧”的产权形态。如果从大学技术转移效率的政策目标出发，产权的所有权关系越简化越有利。对于国家科技计划项目资助下所获得的知识产权，国家应该放心“让渡”产

① 经济中的“外部性”概念，是指如果不对知识产权的完整产权做出明确的界定，不但很容易落入其他人手中，还可能通过其他政策的约束造成知识产权的弱化。

权给大学，激励大学对这些知识产权进行开发。制度的变迁绑架了知识产权归属模式，知识产权作为一个内生变量，既是技术转移的参与要素又是制度变迁中被动的结果。能否通过知识产权制度的改变来提高大学技术转移的效率是一个复杂的问题。对经历了国家经济体制转型的中国而言，大学技术转移并不是一开始就与知识产权建立起直接的关系的。因此，除了知识产权制度本身的政策设计，更重要的是考虑机制所运行的国家体制环境。制度变迁使得大学技术转移网络中不同利益主体的增加，产权的界定与利益的分配之间建立了直接的关系，因而对产权结构的重构提出新的要求。在寻找合适的权利归属模式过程中，向西方国家的政策学习成为一种普遍的做法。但是，对我国的政策制定者而言，不能简单地模仿，而要根据我国技术转移本身的特点，在产权结构的重构中为确权和权利的分配找到一个合适当前技术转移需求的所有权归属模式。并且要意识到，所有权归属的设置并不是一成不变的，而是随着制度情景的变迁而处于一种不断的流变中。从知识产权归属在技术转移的网络中发挥的作用来看，其主要起到塑造和协调政府、大学、发明人、公众等不同利益行动者之间的契约关系的作用。对于怎样的知识产权归属安排才是合理的，或能够提高大学技术转移效率，可能并没有唯一的判断标准，而是要根据具体的制度环境，考察知识产权和技术转移的相互作用关系。

第四，对 Bayh - Dole 法案的认识及其对中国知识产权政策影响的看法。美国 Bayh - Dole 法案的出台，对政府资助类科研成果的知识产权归属方式进行了改革。促使许多其他国家也试图通过调整知识产权制度，来提高大学技术转移的效率，其中既包括许多欧洲发达国家也包括发展中国家，这反映出政策制定者至少在两个方面达成了共识：知识产权制度是影响大学技术转移效率的关键因素；调整知识产权制度中的权利归属方式是提高大学技术转移效率的主要激励机制。因此像 Bayh - Dole 法案一样，通过赋予大学作为知识产权权利人的产权归属方式，能够激励大学积极推进这些科研成果的商业开发，为它们提供技术转移的资源或其他支持。基于制度分析的视角，观察 Bayh - Dole 法案在美国形成的过程可以得知，实际上，Bayh - Dole 法案所提出的“大学所有权归属模式”，有其特定的历史发展历程，是在美国当时的制度情景下，相关利益行动者在三种产权归属方式中（国家所有权、大学所有权、发明人所有权）辩论、磋商、妥协的结果。

“二战”以后美国持续增加对基础研究领域的投入，但是战后持续的经济发展缓慢，让美国政府开始关注如何从基础研究的投入中获取促进经济增长的动力，并要求新的政策关注基础研究投入后的科技成果的应用和开发问题。但所以，国会内部开始有人意识到联邦各政府之间零散的专利制度，阻碍了这些科研成果的商业开发。20 世纪 70 年代后期，新兴科技领域的开拓，如生物医药、信息技术得到快速发展，新兴技术本身的特征要求作为研究者的大学对其成果申请专利保护。因此，校园内逐渐形成了一批专门从事专利活动的人，慢慢地，学校内部也需要有专门的组织机构负责管理专利活动，它们要求统一联邦专利政策的呼声也日益高涨。联邦政府内部所滋生的不满现有专利制度的势力，与政府外部主张联邦专利制度（主要是大学、小企业和其他非营利性机构）改革的集体联系起来，形成了促进专利制度改革的第一行动集团，并提出对僵化、分散的联邦专利管理制度的修改方案。随着第一行动集团势力的扩散，推动美国政府越发紧迫地意识到改革联邦专利制度的必要性和迫切性。当第一行动集团获得更多掌握政治话语权的人支持的时候（他们被称为第二行动集团），在两个集团的联合推动下，促成了 Bayh－Dole 法案的通过。最终，以立法的形式从制度上肯定了大学参与专利活动的恰当性，并通过赋予大学专利权的形式鼓励大学为它们寻找商业开发的途径。

目前有学者认为中国科技部等部委在 2000～2003 年集中出台的法案是“中国的 Bayh－Dole 法案体系”，或者将《科学技术进步法》（2007）视为“中国的 Bayh－Dole 法案”。但是，笔者认为这样的称呼并不符合我国知识产权制度建构和演化的实情。即便是从知识产权的让渡方向上，中美都经历了从国家向大学“让渡”产权的过程，但从这些政策和法律的制定原因、具体内容、演变逻辑等方面均表现出与美国 Bayh－Dole 法案的许多不同。中国知识产权制度是在中国经济体制转型的内在推动力作用下建立起来的；知识产权的归属方式经历了从“国家所有”到“国家所有、大学持有”再到“大学所有”的演变；演变的逻辑基础是在产权制度完善的过程中，逐渐将知识产权作为一种有价值的无形资产对待，通过增加大学对这些无形资产的控制，鼓励大学对这些成果进行开发。

在 Bayh－Dole 法案出台 30 周年之际，美国政府和学界认为有必要重新反思 Bayh－Dole 的政策安排，并开始讨论是否能够进一步补充或者修改 Bayh－Dole 法案。在此背景下，“发明人所有权”重新引起学术界的关注，并讨论是不是发明人所有权更有利于促进大学技术转移。因此，对模仿

Bayh – Dole 法案的国家的启示是，既然 Bayh – Dole 本身是美国于 20 世纪 80 年代的制度选择结果，其本身也正在根据美国技术转移运行的制度情景，讨论是否做出调整，对其他国家而言，是否模仿 Bayh – Dole 法案应该首先考虑政策模仿的通约性，或者更适当的做法是，立足于本国的制度特点，分析大学技术转移的特点和知识产权制度中对技术转移影响的主要表现方式。

第二节　创新点

以往研究大学技术转移或知识产权的文章，主要集中在管理学、经济学、法学的某个具体学科的分析框架内。然而，本书综合分析了知识产权与技术转移的关系，将两者的相互作用看作是一个社会发展史的问题，将国家经济制度的特征看作两者运行的“场域”，将制度情景的分析融入两者作用关系的分析思路中。根据经济体制转型的时间脉络，分三个阶段讨论：20 世纪 50 ~70 年代末期，计划经济体制下非产权激励下的大学技术转移发生的特征；20 世纪 70 年代末 ~90 年代末期，制度转型期和改革开放过程中，知识产权建立起来之后所表现出来的与大学技术转移的关系，以及校办企业的演进和退出方式；20 世纪 90 年代末至今市场经济进一步建设时期，以衍生企业为主体的大学技术转移的路径选择过程中，反映出来的知识产权与大学、企业之间的依存关系。这三个阶段的分析首先构成了本书的主体框架，最后本书对“是否存在中国的 Bayh – Dole 法案”提出了自己的见解：Bayh – Dole 法案本身是在美国 20 世纪 80 年代的制度情景下不同利益相关者磋商的结果；Bayh – Dole 法案的扩散主要表现在让世界各国的政策制定者开始关注，通过知识产权制度来提高知识产权成果的商业开发问题；近年来，虽然中国制定和修改了与国家科技计划项目相关的知识产权政策和法律比较频繁，以至于被认为在中国出台了“中国的 Bayh – Dole 法案”的观点是片面的，这种称呼忽视了制度因素对知识产权政策演变的影响，因此也有可能造成在政策的制定过程中有一定的风险。因此，本书强调将制度情景分析融入分析知识产权和技术转移两者关系中的重要性。

在研究方法上，将理论分析与案例研究相结合。本书基于的理论视角有制度主义理论、产权理论和STS，以制度主义理论的分析作为本书分析的主要脉络，而在讨论知识产权的归属问题时融入产权理论，STS的分析视角的加入，是为了综合制度主义分析框架较强的结构性特征，既承认制度形成的稳固性特征，又强调这种稳固性特征是在一定时期内的，实质上还处于不断的流变中。因此，知识产权制度和产权归属的设置也是根据制度的变迁在不断进行演化。本书主要是基于清华大学技术转移的实践，将清华大学在不同历史阶段的技术转移的措施、方式、路径融入三个阶段的分析中去。在案例的研究方法上，笔者对技术转移和衍生企业的参与者进行了深度访谈和调研，接受访谈的人包括清华大学科研管理人员、教授、参与科研活动的博士生和硕士生、清华大学控股集团的管理人员、清华大学衍生企业的高层管理人员等。笔者曾多次走访清华科技园、清华大学科研院、博奥生物、同方威视、维信诺等。所谓深度访谈，是针对受访的对象进行多次深入的访谈。访谈的时间从2010年7月到2013年7月。本书试图从技术转移的不同参与者的不同角度了解知识产权制度与技术转移之间关系的建立过程、存在的问题，并提出可能的政策建议。

第三节　研究的局限及后续的工作

本书通过分析知识产权与技术转移之间的关系，从中发现知识产权对技术转移的影响是如何建立起来的，并且将两者之间的关系置于中国制度转型的历史背景中来考察，同时也为研究Bayh－Dole法案是否适用于其他国家的问题提供了转型国家的案例。本书选择清华大学作为案例分析的对象，试图将理论分析与具体的案例结合起来，让论证的过程变得更为形象。但是个案研究本身存在的局限性也是本书所不能避免的，比如有的学者可能更倾向于研究更多的高校技术转移，试图从中分析出知识产权制度是如何推动大学技术转移，或者技术转移的新的尝试如何反过来成为知识产权制度变革的催化剂。但是在有限的时间内，做更大范围的高校分析，尤其是深度访谈比较难以展开。因此，笔者有意识地将研究的范围缩小，集中于清华大学的技术转移活动，做个案分析的深描。也希望能够借此掌握一套成熟的个案分析的方法，能并在后续的工作中拓展到更多高校的研究中去。因此，提出下一步的研究计划：

一方面，集中于对清华大学技术转移实践活动的探索，并将研究的重点放在衍生企业上，搜集更多的衍生企业的案例。在本书的研究中，主要是从学校的角度出发，研究学校的技术如何转让出去，选择的案例主要是学校所承担的重大科研项目，学校对这些项目的转让赋予较多的关注。但是它们只是大学技术转移的一部分，对于其他类型的创业企业/衍生企业关注较少，比如退休教授想利用其在职期间的发明成立企业或者做进一步开发、毕业学生的创业行为等，他们是否在利用知识产权的问题上碰到一些其他的阻碍；以及工程类毕业生创办的科技型企业中，如何与学校建立起顺畅的技术流动机制。关于这类衍生企业，笔者在完成本书的写作后，已经搜集了一些相关的案例。核心技术有可能就是笔者博士阶段的研究；有些是通过其他途径与所在院系建立了进一步的技术合作关系，但是在利用清华大学的技术上，必须通过一个个谈判才能使用。这是否会降低技术转移的效率？在知识产权的制度安排上有没有更为灵活的方式？这些都是本书进一步研究的关注点。

参考文献

安继刚等:《科学研究要走自主创新之路:回顾集装箱检测技术的研究与发展》,《新清华》,2004 年 10 月 9 日。

杨铁军主编:《纪念改革开放 30 周年暨中国知识产权发展论坛论文集》,知识产权出版社 2009 年版。

道格拉斯·C. 诺斯:《制度、制度变迁与经济绩效》,杭行译,格致出版社、上海三联书店、上海人民出版社 2008 年版。

布鲁诺·拉图尔:《科学在行动:怎样在社会中跟随科学家和工程师》,东方出版社 2005 年版。

陈抗:《掉在地上的钞票为什么没有人捡?——兼谈“反工地悲剧”》,《百姓》2003 年第 2 期。

陈志强:《从中国制造到中国创造》,《中国高校科技与产业化》2006 年第 7 期。

道格拉斯·C. 诺斯:《经济史上的结构与变迁》,陈郁等译,上海人民出版社 1994 年版。

道格拉斯·C. 诺斯:《理解经济变迁过程》,钟正生等译,中国人民大学出版社 2008 年版。

丁大尉、李正风:《科学信息的开放存取与知识的“公有性”信念》,《科学学研究》2011 年第 9 期。

丁荣贵、王彦伟、孙涛、郭九成:《政府投资 R&D 项目治理过程模型的实证研究》,《科学学与科学技术管理》2009 年第 8 期。

邸晓燕、赵婕、张杰军:《科技成果转让收益分享中的政策改进》,《科学学研究》2011 年第 9 期。

傅正华:《Bayh – Dole 法案出台的背景及启示》,《科技进步与对策》2009 年第 3 期。

范在峰:《论知识产权法律对技术创新的功能》,《科技与法律》2002 年第 4 期。
方惠坚、张思敬:《清华大学志》(上、下),清华大学出版社 2001 年版。
郭民生:《通向未来的制胜之路——知识产权经济及其竞争优势的理论与实践》,知识产权出版社 2010 年版。
张鹏飞、范旭:《〈拜杜法〉与我国技术转移法律体系的完善》,《科学学与科学技术管理》2005 年第 10 期。
国家统计局:《中国统计年鉴》,中国统计出版社 1986 年版。
洪伟:《后默顿时代科学社会学述评》,《科学与社会》2013 年第 3 期。
教育部科技发展中心编:《中国高校知识产权报告(2010)》,清华大学出版社 2010 年版。
教育部科技发展中心编:《知识产权概论》,高等教育出版社 1998 年版。
刘世锦:《公有制经济内在矛盾及其解决方式比较》,《经济研究》1991 年第 1 期。
梅元红:《清华大学科技成果转化模式研究》,清华大学硕士论文,2001 年。
默顿:《十七世纪英国的科学、技术与社会》,范岱年等译,四川人民出版社 1986 年版。
彭学龙、赵小东:《政府资助研发成果商业化运用的制度激励:美国〈拜杜法案〉对我国的启示》,《电子知识产权》2005 年第 7 期。
皮得斯 · B. 盖伊:《政治科学中的制度理论:“新制度主义”》,王向明、段红伟译,上海世纪出版社 2011 年版。
清华大学科研院:《清华科研管理 50 年:1956 ~ 2006》,内部资料,2006 年。
清华大学科研院:《清华大学百年科研成果选编》,内部资料,2011 年。
胡显章:《自强不息,厚德载物:清华精神巡礼》,清华大学出版社 2010 年版。
清华大学科学技术处:《清华大学科学技术处年鉴》,内部资料,1998 年。
清华大学科学技术处:《清华大学科学技术处年鉴》,内部资料,1999 年。
曲三强:《知识产权保护的国际化趋势》,《法治研究》2010 年第 4 期。
曲三强:《被动立法的百年轮回——谈中国知识产权保护的发展历程》,《中外法学》1999 年第 2 期。
邱琼:《我国高校校办科技企业产权安排的理论分析》,《中国软科学》2002

年第 5 期。

任建新：《踏上知识产权新大陆——中国专利制度筹备建立的历史记忆》，载《知识产权与改革开放 30 年》编委会主编：《知识产权与改革开放》，知识产权出版社 2008 年版。

罗纳德·科斯、阿尔钦·A.、道格拉斯·诺斯：《财产权利与制度变迁：产权学派与新制度学派译文集》，上海人民出版社 1994 年版。

斯韦托扎尔·平乔维奇：《产权经济学：一种关于比较体制的理论》，蒋琳奇译，经济科学出版社 1999 年。

孙芳华：《拜杜法案起草人做客国知局》，《中国知识产权报》，2007 年 12 月 19 日。

谭龙、刘云、侯媛媛：《中国“拜杜法案”体系下高校专利申请增长分析》，《技术经济》2012 年第 12 期。

吴建军：《政府管制的产权分析》，中国财政经济出版社 2007 年版。

吴汉东：《科技、经济、法律协调机制中的知识产权法》，《法学研究》2001 年第 6 期。

吴汉东、李瑞登：《中国知识产权法学研究 30 年》，《法商研究》2010 年第 3 期。

王重远：《美国职务发明制度演进及对我国的启示》，《安徽大学学报》（哲学社会科学版）2012 年第 1 期。

徐旭常、陈昌和：《燃煤 SO_2、NO_X 防治与生态优化的策略及研究计划》，《科技导报》1998 年第 9 期。

徐棣枫：《“拜—杜规则”与中国〈科学进步法〉和〈专利法〉的修订》，《南京大学法律评论》2008 年第 1 期。

肖尤丹：《我国大学技术转移中的知识产权政策挑战》，《科技促进发展》2011 年第 7 期。

肖尤丹：《我国大学技术转移中的知识产权政策困境》，《电子知识产权》2009 年第 10 期。

张平：《技术创新中的知识产权保护评价——实证分析与理论研讨》，知识产权出版社 2004 年版。

杨德林、邹毅：《中国研究型大学科技企业衍生模式分析》，《科学管理研究》2003 年第 4 期。

《中国教育年鉴》编辑部：《中国教育年鉴》，人民教育出版社 1989 年版。

张耀明:《专利法修改过程中的几个问题》,《科技与法律》2000 年第 4 期。

朱巧玲:《产权制度变迁的多层次分析》,人民出版社 2007 年版。

赵万里、胡勇慧:《当代 STS 研究的社会学进路及其转向》,《科学与社会》2012 年第 1 期。

曾国屏:《自然与社会之间:STS 学术“核场”探析》,《自然辩证法研究》2009 年第 3 期。

张乃根:《美国专利法判例选析》,中国政法大学出版社 1995 年版。

赵莼善、周立:《清华大学在科技创新、成果产业化进程中的知识产权保护和管理》,《高新技术知识产权保护新论》2002 年第 2 期。

张寒、李正风:《对 Bayh - Dole 法案及相关研究的再思考》,《自然辩证法研究》2012 年第 8 期。

张寒、胡宗彪、李正风:《研发项目对中国大学技术转让合同影响的实证研究——以 985 工程高校为例》,《科学学研究》2013 年第 4 期。

郑成思:《知识产权法论》,法律出版社 1998 年版。

Anonymous, “Innovation's Golden Goose”, *The Economist*, December12, 2002.

AUTM (Association of University Technology Managers), *AUTM U. S. Licensing Survey*: *Fisical Year* 2006, Norwarlk, CT: Association of University Technology Managers, 2006.

Adams J. D., Black G. C., Clemmons J. R., et al., “Scientific Teams and Institutional Collaborations: Evidence from U. S. Universities, 1981 - 1999”, *Research Policy*, 2004, 34 (3).

Arrow K. J., Economic Welfare and the Allocation of Resources for Invention. In Nelson, R. R (eds).

Anonymity, “The Bayh - Dole Act's 25th Birthday”, *The Economist*, December 20, 2005.

Alford W. P., “Don't Stop Thinking about ... Yesterday: Why There Was No Indigenous Counterpart to Intellectual Property Law in Imperical China”, *Journal of Chinese Law*, 1993.

Bozeman B., “Technology Transfer and Public Policy: A Review of Research and Theory”, *Research Policy*, 2000, 29 (4).

Baldini N., Grimaldi R., Sobrero M., “Institutional Changes and the Commercialization of Academic Knowledge: A Study of Italian Universities' Patenting Activities between 1965 and 2002", *Research Policy*, 2006, 35 (4) .

Chesbrough H. , *Open Innovation: The New Imperative for Creating and Profiting from Technology*, Boston, MA: Harvard Business School Publishing, 2003.

Cohen W. M. , Levinthal D. A. , "Absorptive Capacity: A New Perspective on Learning and Innovation", *Administrative Science Quarterly*, 1990, 35 (1) .

Colyvas, Jeannette and Sampat B. N. , "How Do University Inventions Get Into Practice?", *Management Science*, 2001, 48 (1) .

David P. , "The Knowledge Factor: A Survey of Universities", *The Economist*, October 4, 1997.

Berman E. P. , "Why Did Universities Start Patenting? Institution – building and the Road to the Bayh – Dole Act", *Social Studies of Science*, 2008, 38 (6) .

Davis L. E. and North D. C. , *Institution Change and American Economic Growth*, Cambridge University Press, 1971.

Druilhe C. , Garnsey E. , "Do Academic Spin – Outs Differ and Does it Matter?", *Journal of Technology Transfer*, 2004, 29 (3 – 4) .

Communities, Commission of European, "Growth, Competitiveness, Employment: The Challenges and Ways Forward into the 21th Century", *Commission of the European Communities White Paper*, December, 1993.

Commission of the European Communities, *Green Paper on Innovation*, Brussels, Com (95) 688 final, December 20, 1995.

Dti B. , "Realising Our Potential: A Strategy for Science, Engineering and Technology, DTI. London DTI", *Research Policy*, 2010 (29): 109 – 123.

Etzkowitz H. , Webster A. , Gebhardt C. , et al. , "The Future of the University and the University of the Future: Evolution of Ivory Tower to Entrepreneurial Paradigm", *Research Policy*, 2000, 29 (2) .

Etzkowitz H. , "Incubation of Incubators: Innovation as A Triple Helix of University – Industry – Government Networks", *Science and Public Policy*, 2002, 29 (2) .

Eisenberg R. S. , Public Research and Private Development: Patents and Technology Transfer in Government - sponsored Research, 1996.

Feng Ming T., *Technology Transfer from University to Industry: Insight into University Technology Transfer in the Chinese National Innovation System*, London, GBR: Adonis &Abbey Publishers Ltd, 2009.

Gallini N., Scotchmer S., "Intellectual Property: When Is It the Best Incentive System?", *Nber/Innovation Policy & the Economy*, 2010 (2).

Graff G. D., Krattiger A., Mahoney R. T., et al., "Echoes of Bayh - Dole? A Survey of IP and Technology Transfer Policies in Emerging and Developing Economies", 2007.

Geuna A., Rossi F., "Changes to University IPR Regulations in Europe and the Impact on Academic Patenting", *Research Policy*, 2011, 40 (8).

Gregorio D. D., Shane S., "Why do Some Universities Generate More Start - ups than Others? ", *Research Policy*, 2003, 32 (2).

Greenbaum D., Scott C., "Hochschullehrerprivileg - A Modern Incarnation of the Professor's Privilege to Promote University to Industry Technology Transfer", *Science Technology & Society*, 2010, 15 (15).

Hertzfeld H. R., Link A. N., Vonortas N. S., "Intellectual Property Protection Mechanisms in Research Partnerships", *Research Policy*, 2004, 35 (6).

Henderson R., Jaffe A. B., Trajtenberg M., "Universities as a Source of Commercial Technology: A Detailed Analysis of University Patenting, 1965 - 1988", *Review of Economics & Statistics*, 2006, 80 (1).

Hoffman A. J., "Institutional Evolution and Change: Environmentalism and the U. S. Chemical Industry", *Academy of Management Journal*, 1999, 42 (4).

Hoye K. A., "University Intellectual Property Policies and University - Industry Technology Transfer in Canada", *University of Waterloo*, 2006.

Helen D., "Public - Private Partnership: The Role of IPRS", Apr. 20, 2009, http: //www. stockholm - network. org/downloads/events/HelenDavison. pdf.

Heller M. A., Eisenberg R. S., "Can Patents Deter Innovation? The Anticommons in Biomedical Research", *Science*, 1998, 280 (5364).

Kenney M., Patton D., "Does Inventor Ownership Encourage University Research - derived Entrepreneurship? A Six University Comparison", *Research Policy*, 2015, 40 (40).

Kenney M. , Patton D. , "Reconsidering the Bayh - Dole Act and the Current University Invention Ownership Model", *Research Policy*, 2009, 38 (9) .

Kneller R. , "The Beginning of University Entrepreneurship in Japan: TLOs and Bioventures Lead the Way", *Journal of Technology Transfer*, 2007, 32 (4).

Kneller R. W. , "The New Japanese System of Technology Transfer: Concerns Related to the Role of University IP Centers", *Les Nouvelles*, 2004 (39) .

Kneller R. , "Autarkic Drug Discovery in Japanese Pharmaceutical Companies: Insights into National Differences in Industrial Innovation", *Research Policy*, 2003, 32 (10) .

Kshetri N. , "Institutionalization of Intellectual Property Rights in China", *European Management Journal*, 2009, 27 (3) .

Link A. N. , Siegel D. S. , Bozeman B. , "An Empirical Analysis of the Propensity of Academics to Engage in Informal University Technology Transfer", *Industrial & Corporate Change*, 2007, 16 (4) .

Lichtenthaler U. , Lichtenthaler E. , "Technology Transfer across Organizational Boundaries: Absorptive Capacity and Desorptive Capacity", *California Management Review*, 2010, 53 (1) .

Lynne G. Zucker, Michael R. Darby, "Star Scientists and Institutional Transformation: Patterns of Invention and Innovation in the Formation of the Biotechnology Industry", *Proceedings of the National Academy of Sciences*, 1996, 93 (23) .

Latker N. J. , Statement by Norman J. Latker, Patent Counsel, "Department of Health, Education, and Welfare", Before the Subcommittee on Domestic and International Scientific Planning and Analysis, Committee on Science and Technology, House of Representatives, May 26, 1977.

Mckusick Vincent Lee, "A Study of Patent Policies in Educational Institutions, Giving Specific Attention to the Massachusetts Institute of Technology", *Journal of the Franklin Institute*, 1948, 245 (3) .

Mowery D. , Sampat B. , "The Bayh - Dole Act of 1980 and University - Industry Technology Transfer: A Model for other OECD Government?", *Journal of Technology Transfer*, 2005 (30) .

Mansfield E. , "Academic Research and Industrial Innovation", *Research Policy*, 1991, 20 (1) .

Murray F. , "Innovation as Co – evolution of Scientific and Technological Networks: Exploring Tissue Engineering", *Research Policy*, 2002, 31 (8) .

Murray Fiona, and S. Stern, "Do Formal Intellectual Property Rights Hinder the Free Flow of Scientific Knowledge? An Empirical Test of the Anti – commons Hypothesis", *Journal of Economic Behavior & Organization*, 2007, 63 (4) .

Mowery D. C. , Nelson R. R. , Sampat B. N. , Ziedonis A. A. , *Ivory Tower and Industrial Innovation: University – Industry Technology Transfer before and after the Bayh – Dole Act in the United States.* CA: Stanford University Press, 2004.

Mowery D. C. , Sampat B. N. , "Patenting and Licensing University Inventions: Lessons from the History of the Research Corporation", *Industrial and Corporate Change*, 2001, 10 (2) .

Metlay G. , "Reconsidering Renormalization: Stability and Change in 20th Century Views on University Patents", *Social Studies of Science*, 2006, 36 (4) .

Macdonald S. , Macdonald S. , "Seducing the Goose: Patenting by UK Universities", *University of Sheffield*, 2009.

Nelson R. R. , Winter S. G. , *An Evolutionary Theory of Economic Change*, *Cambridge*, MA: Harvard University Press, 1982.

Nelson R. R. , "Uncertainly, Learning and the Economics of Parallel Research and Development Transfer", *The Review of Economics and Statistics*, 1961, 43 (4) .

OECD. , "Turning Science into Business. Patenting and Licensing at Public Research Organizations", *Paris*, 2003.

Owen – Smith J. , Powell W. W. , "To Patent or Not: Faculty Decisions and Institutional Success at Technology Transfer", *Journal of Technology Transfer*, 2001, 26 (1 – 2) .

Powell W. W. , "Neither Market nor Hierarchy : Network Forms of Organization", *Research in Organizational Behavior*, 1989 (12) .

Powell W. W. , "Learning from Collaboration: Knowledge and Networks in the Biotechnology and Pharmaceutical industries", *California Management Review*, 1998, 40 (3).

Polanyi M., *The Tacit Dimension*, Cox&Wyman, London, 1967.

Rafferty M., "The Bayh – Dole Act and University Research and Development", *Research Policy*, 2008, 37 (1).

Rai A. K., Eisenberg R. S., "Bayh – Dole Reform and the Progress of Biomedicine", *American Scientist*, 2010 (91).

Remoquillo V. A., "Open Science and University Patenting: Understanding the Institutionalization and the Effects of the Bayh – Dole Act", *Sciences Po MPAUS*, 2010.

Rosenberg N., *Economic Experiments*, Oxford University Press, 1992.

Scott W. R., "Institutions and Organizations", *Foundations for Organizational Science*, CA: Sage, 1995.

Siegel D. S., Waldman D. A., Atwater L. E., Link A. N., "Commercial Knowledge Transfers from Universities to Firms: Improving the Effectiveness of University – industry Collaboration", *Journal of High Technology Management Research*, 2003 (14).

Siegel D. S., Waldman D. A., Atwater L. E., et al., "Toward a Model of the Effective Transfer of Scientific Knowledge from Academicians to Practitioners: Qualitative Evidence from the Commercialization of University Technologies", *Journal of Engineering & Technology Management*, 2004, 21 (1 – 2).

So A. D., Sampat B. N., Rai A. K., et al., "Is Bayh – Dole Good for Developing Countries? Lessons from the US Experience", *Plos Biology*, 2008, 6 (10).

Sampat B. N., "The Bayh – Dole Model in Developing Countries: Reflections on the Indian Bill on Publicly Funded Intellectual Property", UNCTAD – ICTSD Project on IPRs and Sustainable Development, Policy Brief Number S, October, 2009.

Steffensen M., Rogers E. M., Speakman K., "Spin – offs from Research Centers at a Research University", *Journal of Business Venturing*, 2000, 15 (1): 93 – 111.

Sampat B., "Patenting and US Academic Research in the 20th Century: The

World Before and After Bayh – Dole", *Research Policy*, 2006, 35 (6) .

Sandelin Jon, 30 *Years of AUTM*, 2004, http: //www. autm. net/events/File/Annual Meeting 2004.

Sellenthin By and O. Mark, "Beyond the Ivory Tower : A Comparison of Patent Rights Regimes in Sweden and Germany", Linkoping Studies in Arts and Science, No. 355, 2006.

Thursby J. G. , Thursby M. C. , "University Licensing: Implications for Faculty Research", Working Paper, 2008.

Thursby J. G. , Fuller A. W. , Thursby M. , "US Faculty Patenting: Inside and Outside the University", *Research Policy*, 2009, 38 (1) .

Thursby J. G. , Thursby M. C. , "Faculty Participation in Licensing: Implications for Research", *Research Policy*, 2011, 40 (1) .

Teece D. , "Profiting from Technological Innovation: Implication for Integration, Collaboration, Licensing and Public Policy", *Research Policy*, 1986, 15 (6) .

Tolbert P. S. , Zucker L. G. , "The Institutionalization of Institutional Theory", in S. Clegg. C. Hardy and W. R. Nord (Eds), *Handbook of Organization Studies* (Thousand Oaks, CA: Sage), 1996.

Takenaka Toshiko, "Technology Licensing and University Research in Japan", *International Journal of Intellectual Property – Law Economy and Management*, 2005, 1 (1) .

Vannevar Bush, "Science: The Endless Frontier", Washington, D. C: Government Printing Office, 1945.

Weiner C. , "Universities, Professors, and Patents: A Continuing Controversy", *Technology Review*, 1986, 89 (2) .

Wei H. , "Decline of the Center: The Decentralizing Process of Knowledge Transfer of Chinese Universities from 1985 to 2004", *Research Policy*, 2008, 37 (4) .

Wright M. , Clarysse B. , Lockett A. , et al. , "Mid – range Universities' Linkages with Industry: Knowledge Types and the Role of Intermediaries", *Research Policy*, 2008, 37 (8) .

索　引

人名索引

主题词索引

X

Y

Z

附　录

附录一　文中引用的被访谈人编码对照表

由于访谈中承诺对被访谈人信息保密，被访谈人名称由数字和字母组成，数字部分代表接受访谈的日期，字母代表被访谈人名字的第一个大写字母。每个访谈人的具体职务也不便直接给出，只能给出其任职的工作内容。其中人名部分第一个字有重复的，在字母后面用阿拉伯数字再次标出。比如 M_1 和 M_2 代表不同的人。当字母相同但是字母前的数字不同时，代表同一个人在不同时期接受的访谈。

被访谈人列表（按时间先后排序）

[1] 20111030D_1，清华大学科研院科研管理人员，负责专利成果和专利转让；40 岁左右，女。

[2] 20120927D_1，清华大学科研院科研管理人员，负责专利成果和专利转让；40 岁左右，女。

[3] 20121003Z，清华大学科研院科研管理人员，负责专利成果和专利转让；35 岁左右，男。

[4] 20121127L_1，清华大学科研院科技开发部负责人，负责清华大学技术转化；35 岁左右，男。

[5] 20121129M_1，清华大学科研院科研管理人员，负责科技奖励；35 岁左右，男。

［6］20120929W_1，清华大学科研院科研管理人员，负责知识产权纠纷、技术转移；70岁左右，男。

［7］20121130M_2，清华大学科研院科研管理人员，负责成果管理、成果转化；40岁左右，女。

［8］20120529F，清华大学原科技开发部主任。

［9］20120521Z，清华大学973计划首席科学家。

［10］20121128C，清华大学工程物理系教授、同方威视股份有限公司高层；40岁左右，男。

［11］20130228W_2，清华大学退休教授，曾任科技开发部主任；70岁左右，男。

［12］20130604W_2，清华大学退休教授，曾任科技开发部主任；70岁左右，男。

［13］20130225W_2，清华大学退休教授，曾任科技开发部主任；70岁左右，男。

［14］20130224D_2，清华大学退休教授，我国最早研究科技政策和产学研工作的教授，曾经参与国家典型技术转移案例编写；70岁左右，男。

［15］20130117T，科威国际高层管理人员，曾经在清华大学科技开发部工作；40岁左右，男。

［16］20130402S，启迪股份有限公司高层管理人员；35岁左右，男。

［17］20130319W_3，清华科技园管理人员，负责创业企业入园孵化等；30岁左右，男。

［18］20130125L_2，清华大学公共管理学院教授，科技政策方向；35岁左右，男。

［19］20130702L_1，清华大学科研院科技开发部负责人，负责清华大学技术转化，华清农业负责人；35岁左右，男。

［20］20130723W_2，清华大学退休教授，曾任科技开发部主任；70岁左右，男。

［21］20120723Z，清华大学科研院科研管理人员，负责专利成果和专利转让；35岁左右，男。

附录二　访谈提纲——以华清农业为例

清华大学创业企业/衍生企业中知识产权在技术转移中的情况调查

尊敬的______先生/女士：

您好，我们是清华大学科学技术与社会研究中心（STS）的研究人员，非常感谢您在百忙之中接受我们的访谈。近年来，基于某项发明或其他知识产权，成立创业企业/衍生企业是实现大学技术转移的重要途径之一。受STS中心委托，本课题研究小组正在对"清华大学创业企业/衍生企业"成立和后续发展过程中所面临的知识产权问题进行调查。研究旨在了解现行的大学知识产权管理制度是否有利于促进大学科研成果的产业化的问题。

课题组已经访谈的企业有同方威视、维信诺；进一步拟访谈的企业还有海兰信、数码视讯等。试图通过对不同衍生企业的调研发现学校科研成果商业化过程中处理知识产权问题的异同点。研究企业在不同的发展阶段所面临的知识产权问题有哪些不同。研究的结果为完善我国大学知识产权管理制度体系提供政策建议。本人承诺所有调研结果仅仅用于学术研究，在未经过您同意的情况下，在公开发表的研究中不会提及研究中心的实名。并承诺对公司和研究中心的其他信息进行严格保密，不用作任何其他商业用途，敬请放心！

谢谢您的帮助和支持！

祝您：科研顺利、万事如意！

清华大学科学技术与社会研究中心

2013年3月

联系人：张寒

联系方式：15801223095

地址：清华大学明斋115

Email：zhanghan363@163.com

（1）我们在华清农业公司的网页上看到介绍说，公司是基于“盐碱地区生态修复与固碳研究中心”的专利“利用燃煤烟气脱硫废弃物改良盐碱地技术”和其他专有技术成立的高科技企业。那清华大学是以什么形式进行专利转让（或授权）？华清农业成立以后与研究中心之间就后续的专利使用情况是怎样的呢？

（2）请问您在华清农业成立的过程中主要负责哪些具体的事情呢？

（3）在公司成立的过程中有没有碰到一些比较明显的困难？主要是哪些方面的困难呢（资金、技术还是其他方面）？后来是如何解决的呢？

（4）就目前来看，华清农业和同方威视两者与清华大学就技术成果的使用、利益分配等方面的处理方式是一样的吗？还是有一些区别？主要的区别是什么？

（5）当时有没有想过要将技术转让给社会上其他的企业来做呢？是什么契机决定要自行成立华清农业的呢？

（6）华清农业目前的运营状况如何？对学校和院系的利益回报机制是怎样的？您对于公司未来的发展有什么建议？

后　记

20 世纪后半叶，政治经济的全球化和学术资本主义的悄然兴起，推动了高等学校在国家创新体系中角色的不断演化，科技政策的制定者对国家财政资助的科研成果的商业化开发充满了兴趣，美国、日本、欧洲大部分国家都从“知识产权制度”入手，鼓励大学及其科研人员通过技术转让走向市场。我国自改革开放以来的的科技体制改革，离不开如何更好地解决科技与经济“两张皮”的讨论，其中，科技成果的知识产权保护是长期困扰我国科技成果转化的主要因素，对知识产权的所有权、处置权、收益权等问题一直没有做出清晰的界定，严重制约了我国科技创新活动和科技成果从大学转向市场。

本书是我在中国科学院从事博士后研究期间，在合作导师任定成教授的鼓励和敦促下，根据在清华大学社会科学院科学技术与社会研究所 2014 年完成的博士论文的基础上修改而成的，本书的选题、研究思路、访谈设计、写作风格和结论分析都得到了恩师李正风教授的精心指导，今天能够出版，凝结了导师的心血和智慧结晶。

本书以清华大学的技术转移活动作为基础展开讨论，在此，要特别感谢吴荫芳教授的支持，吴教授一直致力于清华大学的科研管理工作，在大学技术转移领域和大学知识产权制度建设方面具有丰富的实践经验，曾出任清华大学科技开发部主任。可以说，他是 2000 年之前清华大学的典型技术转移活动的重要见证人，研究范围涵盖专利政策和技术转移方案的确定、技术转移组织机构的变迁等。吴教授多次接受我的访谈，提供了许多关键线索、珍贵史料和宝贵意见，他对年轻人在学术道路上成长的关心让我非常感动，并铭记心间！

此外，还要感谢我在加州大学戴维斯分校（University of California，Davis）访学期间的两位合作导师 Martin Kenney 教授和 Don Patton 研究员。在他们的引荐下，我接触到许多在美国研究 Bayh - Dole 法案的学者，并参加了“Bayh - Dole 法案三十周年学术讨论会”。看到了不同学者对 Bayh - Dole 法案作用的不同评价，更加理解了为什么“知识产权所有权归属”是影响大学技术转移的关键，但是同时又存在对“产权归属”模式的不同声音。这个话题涉及大学职能、公共财政、纳税人、科研活动等不同问题和利益相关者的辩论，也坚定了我选择从制度环境的角度出发来观察我国大学技术转移活动的不同阶段中，知识产权所发挥的作用。在本书交付之际，我国新修改的《中华人民共和国科技成果转化法》（2015 年）已经出台，标志着我国科技成果转化已经进入新的规范化、法律化阶段，尤其对科技成果权益的归属和分配问题都做出了新的规定，为科技成果转化创造了新的发展条件。

最后，我要感谢我的家庭——我的丈夫张路，我的父母张华吾、易玉娥，还有我的公公婆婆张顺利、曲月华对我工作的支持，因为你们的爱、包容和理解，让我能够在学术的道路上踏实前进！

本书承蒙“联校教育社科医学研究论文奖计划”、“国家留学基金委建设高水平研究型大学基金”、“中国博士后科学基金面上资助”、“中国社会科学博士后文库”的资助，在此一并致谢！

张寒

2016 年 7 月

专家推荐表

第五批《中国社会科学博士后文库》专家推荐表 1			
推荐专家姓名	李正风	行政职务	副院长
研究专长	科技哲学、科技政策	电　话	
工作单位	清华大学社会科学学院	邮　编	100084
推荐成果名称	中国大学技术转移与知识产权制度关系演进的案例研究		
成果作者姓名	张寒		

（对书稿的学术创新、理论价值、现实意义、政治理论倾向及是否达到出版水平等方面做出全面评价，并指出其缺点或不足）

大学的技术转移是科学技术转化为现实生产力的一个重要的途径，而大学的技术转移与知识产权制度关系是影响其成功的一个重要因素，这一直是政策界和学术界关注的重要问题。自从20世纪80年代美国Bayh－Dole法案出台以来，许多国家也开始修改本国的法律和政策，并重点关注知识产权对技术转移的促进作用的问题，陆续出台了类似的法案。本文从这种背景出发，展开了基于中国技术转移和知识产权制度变迁实践的案例研究。

作者提出"是否存在中国Bayh－Dole法案?"的问题，这种法案是否适用于中国，以及这种概念的提出是否掩盖中国知识产权制度本身演化的特点。作者强调对于经历了经济体制改革的中国而言，需要对大学技术转移与知识产权两者的交互作用，置于制度转换的不同"场域"下来考察，并以清华大学为对象深入调研，以案例的分析来佐证文章的基本观点：在不同的制度情景下，知识产权制度对技术转移的方式、程度、效果有不同的影响。作者从制度变迁、产权理论和STS理论等不同的理论视角，结合清华大学的案例分析考察大学技术转移与知识产权之间关系的演进。目前，学术界尚缺乏此类系统的案例考察，本研究具有创新性。

作者的思路清晰，具有扎实的理论基础和开阔的专业知识。论文从技术转移的具体实践方式出发，对技术转移的相关概念进行了细致辨析，对制度和产权等核心问题展开了深入分析，文章结构清晰，逻辑合理，表现出作者较好的理论分析能力。对文献材料组织和分析上，展示出作者充分了解本领域相关研究的发展动向，掌握了重要的研究文献。研究角度比较全面，既有制度变迁的纵向考察，也有横向的比较分析。研究过程中，作者采用了人物访谈和数据分析等经验研究方法，也使得本文的观点显得更为可信。总体上看，该成果在理论分析和研究方法上有创新，材料丰富，结论可靠，对相关政策领域具有重要的参考价值。已经达到出版的水平。

签字：李正风

2016年1月13日

说明：该推荐表由具有正高职称的同行专家填写。一旦推荐书稿入选《博士后文库》，推荐专家姓名及推荐意见将印入著作。

<table>
<tr><th colspan="4">第五批《中国社会科学博士后文库》专家推荐表 2</th></tr>
<tr><td>推荐专家姓名</td><td>任定成</td><td>行政职务</td><td></td></tr>
<tr><td>研究专长</td><td>古代科技史、科学社会史</td><td>电　话</td><td></td></tr>
<tr><td>工作单位</td><td>中国科学院大学</td><td>邮　编</td><td>100049</td></tr>
<tr><td>推荐成果名称</td><td colspan="3">中国大学技术转移与知识产权制度关系演进的案例研究</td></tr>
<tr><td>成果作者姓名</td><td colspan="3">张寒</td></tr>
<tr><td colspan="4">（对书稿的学术创新、理论价值、现实意义、政治理论倾向及是否达到出版水平等方面做出全面评价，并指出其缺点或不足）
大学技术转移与知识产权制度的关系是目前学术界探讨的一个重要的前沿问题，论文从中国大学的实际情况出发，研究了技术转移活动与知识产权制度之间的相互作用的关系，对促进大学更好地发挥在国家创新体系中知识生产和知识转移的作用，具有重要的理论贡献和实践价值。
本文将制度情景分析融入到知识产权与技术转移关系的分析中，同时，以清华大学为主要案例进行分析，从不同视角分析了中国大学技术转移与知识产权制度关系的演变，学术界对此问题尚无系统考察，本研究填补了这方面的空白。此外，论文反映出作者对 Bayh－Dole 法案、中国知识产权制度的发展，中国大学技术转移的演变及其所涉及的经济学、管理学、STS 等方面的基础理论和专门知识有系统和深入的掌握，对本研究范围内国内外发展动向、重要文献资料有全面的了解和评述。
在我国目前深化科技体制改革的大背景下，理清技术转移过程中的知识产权的归属和权益分配问题也是科技政策制定者非常关心的话题，本文为这方面的政策制定提供了研究基础。从文章的整体论述水平来看已经达到了出版的要求。

签字：任定成
2016 年 1 月 18 日</td></tr>
<tr><td colspan="4">说明：该推荐表由具有正高职称的同行专家填写。一旦推荐书稿入选《博士后文库》，推荐专家姓名及推荐意见将印入著作。</td></tr>
</table>